Ausführliches Verzeichnis der

Guttentag'schen Sammlung

Deutscher Reichs- und Preußischer Gesetze

— Text-Ausgaben mit Anmerkungen; Taschenformat —

welche alle wichtigeren Gesetze in unbedingt zuverlässigen Gesetzestexten und in mustergültiger Weise erläutert enthält, befindet sich hinter dem Sachregister.

Guttentag'sche Sammlung
Nr. 29. Deutscher Reichsgesetze. Nr. 29.
Text-Ausgaben mit Anmerkungen.

Das Reichsgesetz, betreffend die

Erwerbs- und Wirtschaftsgenossenschaften.

Text-Ausgabe mit Anmerkungen und Sachregister

von

Ludolf Parisius und Dr. Hans Crüger.

Elfte vermehrte Auflage,

bearbeitet von

Dr. Hans Crüger.

Berlin 1905.
J. Guttentag, Verlagsbuchhandlung,
G. m. b. H.

Vorwort.

Durch Art. 13 des Einführungsgesetzes zum Handelsgesetzbuch ist der Reichskanzler ermächtigt, den Text des Gesetzes betreffend die Erwerbs- und Wirtschaftsgenossenschaften, wie er sich aus den im Art. 10 vorgesehenen Aenderungen ergibt, durch das Reichs-Gesetzblatt bekannt zu machen; hierbei sind die Verweisungen auf Vorschriften des Allgemeinen deutschen Handelsgesetzbuchs durch Verweisungen auf die nach Art. 3 des Einführungsgesetzes zum Handelsgesetzbuch an die Stelle jener Vorschriften tretenden neuen Vorschriften zu ersetzen, den Verweisungen auf Vorschriften der Zivilprozeßordnung und der Konkursordnung sind diese Gesetze in der Fassung zu Grunde zu legen, welche sie durch das im Art. 1 des Einführungsgesetzes zum Bürgerlichen Gesetzbuch vorgesehene Gesetz erhalten haben. Der Reichskanzler hat in der hierauf erfolgten Bekanntmachung des Gesetzes betreffend die Erwerbs- und Wirtschaftsgenossenschaften auch die Bestimmungen der Novelle von 1896 in das Gesetz eingefügt und die Paragraphenzahlen entsprechend geändert, er hat auch die durch das Gesetz über die Angelegenheiten der freiwilligen Gerichtsbarkeit gebotenen Aenderungen berücksichtigt.

Inhaltsverzeichnis.

Abkürzungen.

Zahlen ohne weiteren Zusatz bedeuten die §§ dieses Gesetzes.

A.V.[2] = Ausführungs-Verordnung = Bekanntmachung, betreffend die Führung des Genossenschaftsregisters und die Anmeldungen zu diesem Register. Vom 1. Juli 1899.

Begr. I[1] = Begründung des Entw. I.

Begr. II[1] = Begründung des Entw. II.

Bl.f.G. = Blätter für Genossenschaftswesen.

E.G. = Eingetragene Genossenschaft.

Einf.Ges. z. H.G.B.[2 3] = Einführungs-Gesetz zum Handelsgesetzbuch vom 10. Mai 1897.

Entw. I[2 3] = Entwurf eines Gesetzes, betreffend die Erwerbs- und Wirtschaftsgenossenschaften nebst Begründung und Anlage. Amtliche Ausgabe. Berlin 1888. Franz Vahlen.

Entw. II[2 3] = Entwurf eines Gesetzes 2c., vorgelegt dem Reichstag am 27. November 1888 (Drucksachen des Reichstags, 7. Legislaturperiode, IV. Session 1888/1889 Nr. 28).

F.B.[1] = Formularbuch zum Reichsgesetz, betreffend die Erwerbs- und Wirtschaftsgenossenschaften. Praktische Anleitung für die Führung des Genossenschaftsregisters und den Verkehr mit dem Registergericht. Von Ludolf Parisius und Dr. jur. Hans Crüger. Dritte Auflage. Berlin 1900. J. Guttentag, Verlagsbuchhandlung.

Frw.Ger.[2] = Gesetz über die Angelegenheiten der freiwilligen Gerichtsbarkeit vom 17. Mai 1898.

G. = Genossenschaft.

G.G. = Das gegenwärtige Gesetz.

G.R. = Genossenschaftsregister.

Gz.[2,3] = Gesetz, betreffend die privatrechtliche Stellung der Erwerbs- und Wirtschafts-Genossenschaften. Vom 4. Juli 1868 (Bundes-Gesetzblatt des Norddeutschen Bundes Nr. 24).

H.G.B.[2] = Handelsgesetzbuch.

Komm.[2,3] = Fassung des Gesetzes nach den Beschlüssen der VII. Kommission des Reichstags (Drucksachen des Reichstags, 7. Legislaturperiode, IV. Session 1888/1889 Nr. 132).

Komm.Ber.[1] = Bericht derselben Kommission (dies. Drucksachen).

K.O.[2] = Konkursordnung für das Deutsche Reich.

Nov.[2,3] = Gesetz, betreffend die Abänderung des Gesetzes über die Erwerbs- und Wirtschaftsgenossenschaften vom 1. Mai 1889, sowie den Geschäftsbetrieb von Konsumanstalten. Vom 12. August 1896 (R.G.Bl. 1896 Nr. 29).

Parisius Gg.[2] = Die Genossenschaftsgesetze im Deutschen Reiche &c. Berlin 1876. J. Guttentag, Verlagsbuchhandlung.

Parisius u. Crüger = Das Reichsgesetz, betreffend die Erwerbs- und Wirtschaftsgenossenschaften. Kommentar zum praktischen Gebrauch für Juristen und Genossenschaften, herausgegeben von Ludolf Parisius und Dr. Hans Crüger. 4. Aufl. Berlin 1903. J. Guttentag, Verlagsbuchhandlung.

R.G.[1] = Entscheidungen des Reichsgerichts in Zivilsachen.

R.G.B.[1] = Reichs-Gesetzblatt.

R.O.H.[1] = Entscheidungen des Reichsoberhandelsgerichts.

Rtg.[2] [3] = Fassung des Gesetzes nach den Beschlüssen des Reichstags in zweiter Lesung (Drucksachen des Reichstags, 7. Legislaturperiode, IV. Session 1888/1889 Nr. 145).

Rtg. III[2] [3] = Fassung des Gesetzes nach den Beschlüssen des Reichstags in dritter Lesung (Drucksachen Nr. 186).

Schulze-D. = Schulze-Delitzsch. Material zur Revision des Genossenschaftsgesetzes (Leipzig 1883).

St.G.B.[2] = Strafgesetzbuch für das Deutsche Reich.

Z.P.O. = Zivilprozeßordnung.

---

[1] Die lateinischen Zahlen bezeichnen den Band, die arabischen die Seite.

[2] Die beigefügte Zahl bezeichnet den Paragraphen.

[3] Ist die Abkürzung in lateinischen Lettern gedruckt, so bedeutet dies, daß die Fassung des Gesetzes sich hier zuerst findet.

Einleitung.

Zur Geschichte des Gesetzes.

Das frühere deutsche Genossenschaftsgesetz, das Gesetz, betreffend die privatrechtliche Stellung der Erwerbs- und Wirtschafts-Genossenschaften vom 4. Juli 1868 (Bundes-Gesetzblatt S. 415 bis 433) verdankt seine Entstehung vornehmlich der unermüdlichen Tätigkeit des „Vaters des deutschen Genossenschaftswesens", des Kreisrichters a. D. Hermann Schulze-Delitzsch. Als der Erste in Deutschland unternahm er in umfassender Weise nach einheitlichem Plan die Gründung von Genossenschaften der Handwerker und Arbeiter. 1851 aus dem Amt geschieden, trat er seitdem für die Ausbreitung der „auf Selbsthilfe gegründeten Erwerbs- und Wirtschaftsgenossenschaften" rastlos in Wort und Schrift ein, indem er „die Förderung des Assoziationswesens zu seiner Lebensaufgabe machte".

Die ersten Genossenschaften, die in Preußen im Gebiete des allgemeinen Landrechts ihren Sitz hatten, konnte er nur als erlaubte Privatgesellschaften organisieren, indem er den Mangel der Rechtspersönlichkeit im Verkehr mit Dritten durch mehr oder weniger künstliche Einrichtungen möglichst unschädlich zu machen suchte. Zur Beseitigung indessen „eines Zustandes, der in jeder Weise mißlich, mancherlei Gefahren und unnütze Kosten und Weitläufigkeiten zur Folge hatte", suchte er Abhilfe von der Gesetzgebung. Die Aenderung des preußischen Gesellschaftsrechts durch Einführung des allgemeinen deutschen Handelsgesetzbuchs bewog ihn, im März 1863 im Abgeordnetenhause, dessen Mitglied er war, zugleich als Anwalt und im Auftrage genossenschaftlicher Vereinstage einen ausführlichen Gesetzentwurf einzubringen, nach welchem im Anschluß an die Vorschriften des Handelsgesetzbuchs die Erwerbs- und Wirtschaftsgenossenschaften als besondere Art der Gesellschaften durch Eintragung in ein vom Handelsrichter als Teil des Handelsregisters zu führendes Genossenschaftsregister die gleiche Rechtsstellung wie die Handelsgesellschaften erwerben konnten. Dieser in einer Kommission des Abgeordnetenhauses beratene und verbesserte Entwurf wurde die Grundlage des in der Landtagssession von 1866 bis 1867 endlich zu Stande gebrachten preußischen Gesetzes, „betreffend die privatrechtliche Stellung der Erwerbs- und Wirtschafts-Genossenschaften" vom 27. März 1867, eingeführt in die neuen Provinzen Hannover, Hessen-Nassau und Schleswig-Holstein durch Verordnungen vom 12. Juli, 12. August und 22. September 1867.

Als Mitglied des Norddeutschen Reichstages beantragte Schulze-Delitzsch schon am 16. April 1868, dieses preußische Genossenschaftsgesetz mit einigen Aenderungen und Ergänzungen zu einem norddeutschen Bundesgesetz zu erheben. In einer Kommission vorberaten, ward der Gesetzentwurf vom Reichstage am 23. Mai und sodann mit vielen vom Bundesrat befürworteten Aenderungsvorschlägen der mit der Begutachtung betrauten Kommission zur Ausarbeitung einer Zivilprozeßordnung am 20. Juni 1868, in der letzten Sitzung der Session, unverändert angenommen. Das deutsche Genossenschaftsgesetz, am 4. Juli 1868 vollzogen, ist im Norddeutschen Bunde am 1. Januar 1869, in Württemberg, Baden und Südhessen in Folge der Versailler Verträge am 1. Januar 1871, in Elsaß-Lothringen zufolge Gesetzes vom 11. Juli 1872 am 1. Oktober 1872, in Bayern zufolge Gesetzes vom 23. Juni 1873 am 1. August 1873 in Kraft getreten.*) In Bayern bestehen zur Zeit etwa 19 „registrierte Gesellschaften" nach dem bayerischen Genossenschaftsgesetz vom 29. April 1869, auf diese Gesellschaften finden die Bestimmungen des Reichs-Genossenschaftsgesetzes keine Anwendung; neuerliche Vorkommnisse haben gezeigt, daß es derzeit ein Fehler war, nicht alle diese Gesellschaften zu zwingen, sich unter das Reichsgenossenschaftsgesetz zu stellen.

---

*) Die Geschichte der Entstehung des Genossenschaftsgesetzes ist ausführlich behandelt von Parisius: Die Genossenschaftsgesetze im Deutschen Reich. 1876. Einleitung Abschnitt III S. 85 bis 109. In diesem Kommentar sind auch die Einführungsgesetze, die Ausführungsverordnungen und das dem deutschen Reichsgesetze nachgebildete österreichische Genossenschaftsgesetz vom 9. April 1873 nebst Ausführungsverordnung abgedruckt (S. 403 bis 563).

Nicht nur die nach Schulze-Delitzschs System errichteten Genossenschaften, sondern auch viele Genossenschaften anderer Art, vor allen die ländlichen Darlehnskassenvereine, die nach den Ratschlägen des Bürgermeisters Raiffeisen mit abweichenden Einrichtungen zuerst im Kreise Neuwied errichtet sind, wandelten sich in eingetragene Genossenschaften um.

Die Art und Weise, wie das Genossenschaftsgesetz für eine neue und noch wenig entwickelte Form des gemeinschaftlichen Geschäftsbetriebs gewissermaßen durch deren Begründer und noch dazu in großer Hast geschaffen wurde, erklärt es zur Genüge, daß sich bald das Bedürfnis einer Revision des Gesetzes geltend machte. Bereits in den Sessionen von 1876 und 1877 stellte Schulze-Delitzsch im Reichstage Anträge auf eine Revision, indem er den Entwurf einer Novelle mit Motiven vorlegte. Der Entwurf wurde 1876 in einer Kommission durchberaten, ohne daß es zur Berichterstattung kam. Auf einen erneuten Antrag Schulze's beschloß der Reichstag am 11. März 1878, den Reichskanzler aufzufordern, den Entwurf einer Novelle zum Genossenschaftsgesetz ausarbeiten zu lassen und darin mehrere von Schulze als besonders dringlich bezeichnete Punkte zu erledigen. Ein Beschluß des Bundesrats vom 27. Februar 1879 erging in demselben Sinne.

Zum letzten Male brachte Schulze-Delitzsch seinen früheren, jetzt mehrfach abgeänderten Antrag in der Reichstagssession von 1881 ein. Gleichzeitig wurden von den Abgg. Ackermann und Genossen und Freiherrn

v. Mirbach und Genossen Anträge zur Revision des Genossenschaftsgesetzes gestellt. Die zur Vorberatung derselben eingesetzte Kommission schlug vor, sämtliche Anträge dem Reichskanzler als Material für die in Angriff genommene Revision zu überweisen. Bei Gelegenheit dieses Antrages hatte der Staatssekretär des Reichsjustizamts Dr. v. Schelling am 18. Mai 1881 erklärt, der Bundesrat habe beschlossen, den Entwurf einer Novelle ausarbeiten zu lassen. Allein 1½ Jahr später — am 8. Dezbr. 1882 — erklärte Dr. v. Schelling im Reichstage auf eine Interpellation Schulze-Delitzschs, die ursprüngliche Absicht, die Umbildung des Genossenschaftsrechts in der Form einer Novelle zu bewirken, sei aufgegeben und der Erlaß eines neuen umfassenden Genossenschaftsgesetzes für notwendig befunden. Nunmehr erkannte Schulze-Delitzsch, daß auf seine „persönliche Beteiligung" bei der Revision „mit irgend welcher Sicherheit nicht gerechnet werden könnte". Er schrieb deshalb in den letzten Monaten vor seinem am 29. April 1883 erfolgten Tode mit dem Aufgebot aller Kräfte das Büchlein: „Material zur Revision des Genossenschaftsgesetzes. Nach dem neuesten Stand der Frage geordnet" (Leipzig 1883); „es verpflichte ihn", so schrieb er, „die von ihm bei der Genossenschaftsgesetzgebung, wie bei der Revision ergriffene Initiative, ja seine ganze Stellung in der Genossenschaftsbewegung, dem Inlande wie dem Auslande gegenüber", wie sie ihn auch „befähigen, das reiche Material, das sich durch seine Arbeiten und Anträge bei ihm gesammelt, gesichtet, in geordneter Folge den Genossenschaften zu übermachen" . . .

Einleitung.

Nach früheren Erklärungen der Reichsregierung sollte die Reform des Aktienrechts der Reform des Genossenschaftsrechts vorangehen. Das Reichsgesetz, betreffend die Kommanditgesellschaften auf Aktien und die Aktiengesellschaften wurde am 18. Juli 1884 erlassen. Durch dasselbe wurde eine Umänderung des früher ausgearbeiteten Genossenschaftsgesetzentwurfs bedingt. Endlich im August 1887 konnte der Nachfolger Schulze's in der Anwaltschaft des Genossenschaftsverbandes, Reichstagsabgeordneter Schenck, auf dem Allgemeinen Vereinstage in Plauen mitteilen, daß nach der ihm aus dem Reichsjustizamt gewordenen Eröffnung in diesem der Entwurf des Genossenschaftsgesetzes fertig gestellt und vor der Beschlußfassung des Bundesrats einer Sachverständigen-Konferenz zur Begutachtung vorgelegt werden sollte.

Die Konferenz hat unter Vorsitz des Staatssekretärs Dr. v. Schelling, unter Teilnahme des Direktors im Reichsjustizamt, Wirklichen Geheimen Rats Hanauer und der vortragenden Räte Geh. Oberregierungsrats Dr. Hagens und Geh. Regierungsrats Dr. Hoffmann vom 15. bis 19. Novbr. 1887 beraten.*) Die Anregungen der Konferenz sind zum großen Teil berücksichtigt.

Die Thronrede vom 24. Novbr. 1887 hatte zwar dem Reichstage die Vorlegung des Genossenschaftsgesetz-

---

*) Als Sachverständige fungierten Vertreter aus den verschiedenen genossenschaftlichen Verbänden: aus dem Allgemeinen deutschen Genossenschaftsverbande der Anwalt Schenck und die Verbandsdirektoren Hopf-Insterburg, Proebst-München, Schwanitz-Ilmenau, Glackemeyer-Hannover, ferner — an Stelle des damals

entwurfs angekündigt, allein es kam nicht dazu. Der Bundesrat beschloß in dankenswerter Weise zunächst die Veröffentlichung des Entwurfs*) und ermöglichte dadurch den in erster Linie beteiligten Erwerbs- und Wirtschaftsgenossenschaften, ihn in ihren Verbänden zu beraten und über die von ihnen vorzuschlagenden Aenderungen zu beschließen.**)

Im Herbst 1888 endlich ist der Entwurf vom Bundesrat mit einigen Abänderungen angenommen

---

erkrankten, seitdem verstorbenen F. W. Raiffeisen — Dr. med. Kirchartz-Unkel, Vorsitzender des damaligen Anwaltschaftsrates der ländlichen (Raiffeisenschen) Genossenschaften, Haas-Darmstadt, Vorsitzender der Vereinigung deutscher landwirtschaftlicher Genossenschaften, Reichstagsabgeordneter Leemann-Heilbronn, Vorsteher des Verbandes landwirtschaftlicher Kreditgenossenschaften im Königreich Württemberg, sodann Reichstagsabgeordneter Freiherr v. Mirbach-Sorquitten und die Professoren der Rechte Goldschmidt-Berlin und v. Sicherer-München. Zugegen waren noch Kommissarien des Reichsamts des Innern und der preußischen Ministerien für Landwirtschaft, für Handel und Gewerbe, für Justiz.

*) Entwurf eines Gesetzes, betreffend die Erwerbs- und Wirtschaftsgenossenschaften nebst Begründung und Anlage. Amtliche Ausgabe, Berlin 1888. In den Noten als Entw. I und Begr. I bezeichnet.

**) Vgl. namentlich die Aufsätze des Anwalts Schenck in den Blättern für Genossenschaftswesen. Jahrgang 1888 „Der Entwurf des neuen Genossenschaftsgesetzes" in Nr. 10 bis 34, und die Beratungen und Beschlüsse des Allgemeinen Verbandes in den „Mitteilungen über den 29. Allgemeinen Vereinstag der auf Selbsthilfe beruhenden deutschen Erwerbs- und Wirtschaftsgenossenschaften in Erfurt vom 30. August bis 1. September 1888. Herausgegeben im Auftrage des Vereinstages von F. Schenck ꝛc." Seite 61 bis 179 und 189 bis 192.

worden. Derselbe ist am 27. Novbr. 1888 dem Reichstage zur Beschlußfassung vorgelegt.*)

Der Reichstag beschloß nach der ersten Beratung in der 14. Sitzung vom 13. Dezbr. 1888, den Gesetzentwurf einer Kommission von 28 Mitgliedern zur Vorberatung zu überweisen. Diese hat die Vorberatung in 23 Sitzungen in zwei Lesungen vollendet und schriftlichen Bericht erstattet (Drucksachen Nr. 132). Auf Grund desselben hat der Reichstag die zweite Beratung in der 45. u. 46. Sitzung vom 23. u. 26. März 1889 vorgenommen. (Zusammenstellung nach den Beschlüssen Drucksachen Nr. 145.) Nach der 3. Beratung in der 52. Sitzung vom 4. April 1889 (Zusammenstellung nach den Beschlüssen Nr. 186 der Drucksachen) ist die Vorlage in der Schlußabstimmung angenommen. Der Bundesrat hat den Beschlüssen des Reichstags vom 11. April zugestimmt und der Kaiser das Gesetz am 1. Mai 1889 vollzogen (Reichs-Gesetzblatt Nr. 11, ausgegeben den 10. Mai, Seite 55 bis 93).

Der Entwurf des neuen Genossenschaftsgesetzes ist in den genossenschaftlichen Kreisen freudig begrüßt worden, weil er Berechtigung, Bedeutung und Leistungen der deutschen Genossenschaftsbewegung in vollem Maße rückhaltlos anerkennt, weil er sich bestrebt, den wirklichen Bedürfnissen der Genossenschaften zu genügen und eine Fortbildung des bestehenden Genossenschaftsrechts enthält. Die von Schulze-Delitzsch gestellten Anträge und die

*) Drucksachen des Reichstags, 7. Legislaturperiode, IV. Session 1888/89 Nr. 28. In den Noten bezeichnet Entw. II und Begr. II.

Wünsche der Genossenschaften sind in großer Zahl berücksichtigt.

Die wichtigsten Aenderungen des Genossenschaftsrechts waren:

1) Die Zulassung von Genossenschaften mit beschränkter Haftpflicht. Bereits Schulze-Delitzsch hatte sich entschieden dafür erklärt, ebenso mehrere Vereinstage des Allgemeinen Verbandes.*)

2) Die Vorschriften über Geltendmachung der Haftpflicht. Der Hauptmangel des Gesetzes von 1868 war der späte Zeitpunkt, in welchem das Umlageverfahren eingeleitet wird, — am Ende des Konkurses, wenn der Schlußverteilungsplan feststeht. Abweichend von den Verbesserungsvorschlägen Schulze-Delitzschs, wollte der Entwurf das Verfahren, die Gläubiger aus den mittels Umlage einzuziehenden Beiträgen der Genossen zu befriedigen, nicht wie bisher dem Vorstande, sondern dem Konkursverwalter übertragen, also zu einem selbständigen, besonders geordneten

*) Man vergleiche darüber die Aufsätze in den Blättern für Genossenschaftswesen: Jahrgang 1886 von L. Parisius 1) „der deutsche Juristentag und die beschränkte Haft der Mitglieder eingetragener Genossenschaften" in Nr. 39 bis 42; 2) „die Frage der Zulassung von Genossenschaften mit beschränkter Haft" in Nr. 44 bis 47; Jahrgang 1887 von F. Schenck, „Die gesetzliche Zulassung der beschränkten Haft bei den deutschen Genossenschaften" in Nr. 4, 5 und 8 und Dr. Crüger, Jahrg. 1892 Nr. 41, 1893 Nr. 13 und 15 — ferner die Abhandlung von Dr. Crüger, „die Zulassung der Genossenschaften mit beschränkter Haftpflicht durch das Genossenschaftsgesetz vom 1. Mai 1889" in dem Archiv für öffentliches Recht 1894 S. 389—435.

Teil des Konkursverfahrens machen. Unverzüglich nach Eröffnung des Konkurses wird auf Grund einer nach der Bilanz herzustellenden vorläufigen Berechnung (Vorschußberechnung) der ganze voraussichtliche Fehlbetrag durch eine Umlage von den Genossen, wenn nötig durch Zwangsvollstreckung, — die Ausfälle auf Grund von Zusatzberechnungen durch fortgesetzte Umlagen — als Vorschuß eingezogen. Nach Beginn der Schlußverteilung wird durch eine definitive Berechnung (Nachschußberechnung) der endgültige Betrag der von den Genossen zu leistenden Nachschüsse festgestellt und die Befriedigung der Gläubiger aus den vorgeschossenen und sofern notwendig durch weitere Umlagen zu verstärkenden Beträgen unverzüglich herbeigeführt.

Diese neuen Vorschläge des Entwurfs fanden allgemeinen Beifall. Nur in einer Frage waren bereits in den Genossenschaften selbst die Meinungen sehr geteilt. Es kam in Petitionen, Aufsätzen und Broschüren zu einer überaus lebhaften Erörterung der Frage, ob, wie nach dem Entwurf, sowohl gegen die bei Auflösung der Genossenschaft vorhandenen, als auch gegen die ausgeschiedenen noch haftbaren Mitglieder im Konkurse den Gläubigern wegen ihres Ausfalls schließlich das Recht des direkten Angriffs zu belassen, oder ob es ganz beseitigt werden solle, ferner ob die ausgeschiedenen Genossen zur Tilgung der während ihrer Mitgliedschaft entstandenen Verbindlichkeiten nur durch den direkten Angriff des Gläubigers, vorbehaltlich der Erstattung aus den im Nachschußverfahren beizutreibenden Beträgen, herangezogen werden könnten, oder ob sie statt dessen an dem **Nachschuß-Umlageverfahren, ohne Rückgriff auf die übrigen Genossen (Schulze-Delitzschs Vorschlag) oder mit Rückgriff auf dieselben (Vorschlag des Professors Goldschmidt), beteiligt werden sollten.**

In der Reichstagskommission schien die Mehrheit Willens zu sein, den Einzelangriff ganz zu beseitigen, vorausgesetzt, daß geeignete Vorschläge zu geordneter Heranziehung der in den letzten zwei Jahren ausgeschiedenen Genossen zum Nachschußverfahren wegen der während ihrer Mitgliedschaft entstandenen Genossenschaftsschulden gemacht würden. Solche Vorschläge aber blieben aus. Demzufolge wurden in der ersten Lesung der Kommission die Vorschläge des Entwurfs mit gewissen Verbesserungen behufs weiterer Erschwerung und Abschwächung des Einzelangriffs angenommen. In der zweiten Lesung aber beschloß in Folge eines eine Reihe streitiger Punkte umfassenden Kompromisses die große Mehrheit der Kommission, eine dritte Art Genossenschaften ohne jenen Einzelangriff der Gläubiger, als Genossenschaft „mit unbeschränkter Nachschußpflicht" einzufügen. Zwischen dieser dritten Art Genossenschaft und der Genossenschaft mit unbeschränkter Haftpflicht ist während ihres Bestehens, abgesehen von der Verschiedenheit der Firmen und der Beitrittserklärung der Genossen, gar kein Unterschied, ebensowenig nach der Auflösung, ausgenommen wenn diese durch Eröffnung des Konkurses erfolgt. Aber auch der Verlauf des Konkurses bietet bis zur Aufstellung der Nachschußberechnung keinerlei Abweichung. Nur in dem einzigen Falle, daß im Konkurse drei Monate nach der für vollstreckbar erklärten Nachschußberechnung die Konkursgläubiger noch nicht vollständig befriedigt sein sollten, tritt ein verschiedenes Verfahren ein. Für diesen Fall darf in der Genossenschaft mit unbeschränkter Haftpflicht ein jeder Gläubiger wegen des noch nicht getilgten Restes seiner Forderung sofort einen einzelnen Genossen im gewöhnlichen Prozesse direkt angreifen, sowie nach weiteren drei Monaten (sechs Monate nach der Vollstreckbarkeitserklärung der Nachschußberechnung) auch jeden in den letzten zwei Jahren ausgeschiedenen Genossen, soweit es sich um eine bis zu dessen Ausscheiden eingegangene Verbindlichkeit der Genossenschaft handelt. Dahingegen muß in der Genossenschaft mit unbeschränkter Nachschußpflicht auf Grund einer aufzustellenden besonderen Berechnung von den innerhalb der letzten achtzehn Monate vor der Eröffnung des Konkurses ausgeschiedenen Genossen die gesamte Restforderung aller Gläubiger — gleichviel ob die Verbindlichkeit vor oder nach dem Ausscheiden des Einzelnen eingegangen ist — im Umlageverfahren beigetrieben werden. In beiden Arten Genossenschaften geht daneben die Einziehung der Nachschüsse von den in der Genossenschaft verbliebenen Genossen auf Grund der Nachschußberechnung ohne Aufenthalt unverändert fort, und erhalten die ausgeschiedenen Genossen, sowie in der Genossenschaft mit unbeschränkter Haftpflicht die durch einen Einzelangriff in Anspruch genommenen Genossen die von ihnen gezahlten Beträge aus den Nachschüssen erstattet.

Das in der Kommission geschlossene Kompromiß ward im Plenum aufrecht erhalten. Diese demgemäß vom Reichstage beschlossene Einfügung einer so wenig unterschiedenen dritten Art Genossenschaft ist für die Entwickelung des Genossenschaftswesens ohne Bedeutung geblieben.*)

3) Die Vorschriften über Erwerb und Verlust der Mitgliedschaft. Eine Reihe Vorschläge zur Verbesserung der Bestimmungen über Entstehung und Endigung der Mitgliedschaft enthielt Schulze-Delitzschs Novelle. Um die Mitgliedschaft auf feste Grundlage zu stellen, ging der Entwurf einen Schritt weiter. Die Mitgliedschaft soll nur durch die Eintragung in die vom Gericht zu führende Liste der Genossen entstehen und, abgesehen vom Fall des Todes eines Genossen, nur durch die Löschung in dieser Liste beendigt werden (§ 15 u. §§ 69 bis 77 des Gesetzes).

4) Die Revision der Genossenschaft. Ganz neu ist der vierte Abschnitt von der Revision (§ 53). Schon auf Schulze-Delitzschs Betrieb ist in dem von ihm begründeten Allgemeinen Verbande die Einrichtung der „Verbandsrevision" getroffen. Die zu den einzelnen Unterverbänden gehörenden Genossenschaften wurden verpflichtet, alle drei Jahre durch einen vom Unterverbande ange-

*) Kommissionsbericht S. 49 bis 62, stenographischer Bericht der 45. Sitzung des Reichstags vom 23. März 1889 S. 1021 bis 1035. — Dr. Crügers Jahrbuch für 1903 stellt den Bestand der eingetragenen Genossenschaften mit unbeschränkter Nachschußpflicht vom 31. März 1904 auf 148 unter 24 061 Genossenschaften fest.

stellten, mit dem Genossenschaftswesen vertrauten praktischen Genossenschafter (Revisor) ihre gesamte geschäftliche Tätigkeit prüfen zu lassen. Der Revisor hatte sein Augenmerk besonders darauf zu richten, ob die Bestimmungen der Gesetze überall beachtet sind, und ob die Geschäftsführung den Vorschriften des Statuts und den auf Vereins- und Verbandstagen aufgestellten Grundsätzen entspricht. Der Revisor hatte nach vollendeter Revision den Befund in gemeinschaftlicher Sitzung mit Vorstand und Aufsichtsrat zu besprechen und sodann einen schriftlichen Bericht an die Genossenschaft zu erstatten und eine Abschrift desselben dem Verbandsdirektor einzusenden. Eine ähnlich eingerichtete Revision hatten auch andere Verbände eingeführt.

Der Entwurf schrieb nun in Anlehnung an diese Einrichtung der Verbandsrevision allen Genossenschaften bei Strafe vor, in jedem zweiten Jahre ihre Einrichtungen und ihre Geschäftsführung durch einen der Genossenschaft nicht angehörigen sachverständigen Revisor prüfen zu lassen. Den Genossenschaften, die einem gewissen gesetzlichen Anforderungen genügenden Verbande angehören, hat der Verband den Revisor zu bestellen, anderen Genossenschaften das Gericht.

Mit Entschiedenheit sprachen sich genossenschaftliche Verbände gegen die Vorschläge des Entwurfs aus. Der allgemeine Vereinstag zu Erfurt erklärte sich zwar dafür, daß durch das Gesetz die Genossenschaften verpflichtet werden, mindestens in jedem dritten Jahre ihre Einrichtungen und ihre Geschäftsführung durch einen sachverständigen Revisor prüfen zu lassen, erachtete aber die übrigen Vorschläge jenes Abschnittes des Entwurfs als verfehlt. Der Reichstag hielt die Bedenken nicht für ausreichend und nahm die Vorschläge des Entwurfs mit einigen Verbesserungen an.

5) Die Ausdehnung des Geschäftsbetriebs auf Nichtmitglieder ist in dem Gesetz vom 4. Juli 1868 nach der Deklaration vom 19. Mai 1871 ohne jede Einschränkung zugelassen. Der Entwurf verlangte, daß Bestimmungen, nach denen die Ausdehnung des Geschäftsbetriebes auf Nichtmitglieder zugelassen wird, in das Statut aufgenommen werden müßten, und erklärte zugleich eine solche Ausdehnung des Geschäftsbetriebs für unzulässig bei Genossenschaften, die Gewährung von Darlehen bezwecken. Selbst Kreditgenossenschaften, welche Kreditgewährung an Nichtmitglieder streng ausschließen, erachteten jenes Verbot weder für notwendig noch für zweckmäßig. Der Reichstag nahm die Vorschläge des Entwurfs mit einigen zu Gunsten der Kreditgenossenschaften beantragten Abschwächungen an.

Gegen die Absicht des Entwurfs und im Widerspruch mit dem Vertreter des Bundesrats beschloß der Reichstag in dritter Beratung mit 113 gegen 93 Stimmen (der Reichstag zählt 397 Mitglieder, die Hälfte mit 199 ist beschlußfähig), daß Konsumvereine in regelmäßigem Geschäftsverkehr Waren nur an Mitglieder oder deren Vertreter verkaufen dürfen. Eine Strafbestimmung wurde ausdrücklich abgelehnt. Aus diesen unklaren Bestimmungen erwuchsen denjenigen Konsumvereinen, die nach Muster der englischen Vereine bisher auch an Nichtmitglieder verkauften, nicht unerhebliche Schwierigkeiten. Ueber die weiteren Beschränkungen der Konsumvereine durch das Gesetz vom 12. August 1896 vgl. weiter unten.

6) Ländliche Genossenschaften verschiedener Art sind in den letzten Jahrzehnten überaus zahlreich entstanden. Die Begründung des Entwurfs verneinte im allgemeinen die Frage, ob die Gesetzgebung besonderen Bedürfnissen der ländlichen Genossenschaften Rechnung zu tragen habe. Der Reichstag hat im vermeintlichen Interesse der Raiffeisenschen Darlehnskassen zwei Sonderbestimmungen beschlossen: 1) Durch § 65 (jetzt § 67) ist die Endigung der Mitgliedschaft für solche Genossenschaften geregelt, die Erwerb und Fortdauer der Mitgliedschaft an den Wohnsitz innerhalb eines bestimmten Bezirks knüpfen (§ 8 Ziff. 2). 2) Durch § 20 wurde Genossenschaften gestattet, auf zehn Jahre zu beschließen, den Gewinn nicht zu verteilen, sondern ihn dem Reservefonds zuzuschreiben, und im § 114 wurde der Austritt aus solchen Genossenschaften geordnet. Beide Bestimmungen erfuhren eine Aenderung durch das Gesetz vom 12. August 1896, das 1) den § 20 dahin abänderte, daß das Statut die Gewinn-Verteilung gänzlich ausschließen und die Zuschreibung des Gewinnes zum Reservefonds anordnen könne, 2) den § 114 aufhob.

7) Der Entwurf ermöglichte, daß sich Genossenschaften ausschließlich aus andern Genossenschaften bilden.

Durch das Gesetz, betreffend die Abänderung des Gesetzes über die Erwerbs- und Wirtschaftsgenossenschaften vom 1. Mai 1889, sowie den Geschäftsbetrieb von Konsumanstalten vom 12. August 1896 wurde das Genossenschaftsgesetz vom 1. Mai 1889 in einigen Bestimmungen abgeändert. Die Veranlassung gab der § 8 Absatz 4. Der Gesetzentwurf wurde nach den Beschlüssen des Bundesrats vom Reichskanzler am 4. Dezember 1895 im Reichstage eingebracht.*) Er beschränkte sich darauf, das Genossenschaftsgesetz durch Strafbestimmungen gegen Uebertretungen des in jenem Gesetz enthaltenen Verbots zu ergänzen. Der Reichstag beschloß in erster Beratung in der 8. Sitzung am 14. Dezember 1895 den Entwurf an eine Kommission von 14 Mitgliedern zu verweisen. Diese hat die Vorberatung in 8 Sitzungen vollendet und Bericht erstattet (Drucksache Nr. 169). Die Kommission hat die Bestimmungen des Gesetzentwurfs erweitert (§§ 30a, 145b und c — jetzt §§ 31, 153, 154) und die für die Konsumvereine und deren Mitglieder erlassenen Beschränkungen auf Konsumanstalten und Vereinigungen ausgedehnt (Artikel 2).**) Sie hat ferner durch Aenderungen der §§ 20 und 80 (jetzt § 82) des Genossenschaftsgesetzes und Einschiebung eines § 89a (jetzt § 92) Wünsche der ländlichen Darlehnskassen Raiffeisenschen Systems in Betreff der

*) Drucksachen des Reichstages 9. Legislaturperiode, IV. Session 1895/97.

**) Abgedruckt unten nach dem Genossenschaftsgesetz.

Ausschließung der Gewinnverteilung und der Verteilung des Vermögens bei Auflösung der Genossenschaft erfüllt.

Der Reichstag hat die 2. Beratung in der 71. und 72. Sitzung vom 18. und 20. April 1896 vorgenommen. (Zusammenstellung nach den Beschlüssen Nr. 286 der Drucksachen.) In der dritten Beratung, in der 86. Sitzung vom 7. Mai 1896, ist der Entwurf nach den Beschlüssen der zweiten Beratung unverändert angenommen mit der veränderten Ueberschrift: „Gesetz, betreffend die Abänderung des Gesetzes über Erwerbs- und Wirtschaftsgenossenschaften vom 1. Mai 1889, sowie den Geschäftsbetrieb von Konsumanstalten vom 12. August 1896." Der Bundesrat hat den Beschlüssen des Reichstages zugestimmt und der Kaiser das Gesetz am 12. August 1896 vollzogen. (R.G.Bl. 1896 Nr. 29. S. 695—698.)

Durch das Gesetz ist aufgehoben: § 114; abgeändert: § 8 Abs. 4, § 20, § 89 (jetzt § 91) Abs. 3; neue Bestimmungen sind eingeschaltet hinter § 30: § 30a (jetzt § 31), § 30b (jetzt § 32), — hinter § 89 (jetzt § 91): § 89a (jetzt § 92) — hinter § 145 (jetzt § 151): § 145a, § 145b, § 145c (jetzt §§ 152, 153, 154). Eine Ausdehnung der neuen Bestimmungen für Konsumvereine auf Konsumanstalten und Vereinigungen enthält Artikel 2.

Weitere Aenderungen erfuhr das Genossenschaftsgesetz durch den Art. 10 des Einführungsgesetzes zum Handelsgesetzbuch. Die Aenderungen betrafen die § 13, § 16 Abs. 4, § 23 Abs. 4 (wurde aufgehoben), § 28, § 29, § 49 (jetzt 51) Abs. 1, § 49 (jetzt 51) Abs. 4, § 80 (jetzt 82) Abs. 2, § 82 (jetzt 84), § 87 (jetzt 89), § 88 (jetzt 90) Abs. 2, die Einführung des Nichtigkeitsverfahrens (§§ 94—97), § 116 (jetzt 122) Abs. 2, § 117 (jetzt 123) Abs. 3 (wurde aufgehoben), § 127 (jetzt 133) Abs. 1, § 148 (jetzt 157) Abs. 3 (wurde aufgehoben), § 152 (jetzt 160) Abs. 1. Die Einführung des Nichtigkeitsverfahrens füllt eine Lücke des Genossenschaftsgesetzes aus, im Uebrigen handelt es sich im Wesentlichen um die Anpassung des Genossenschaftsgesetzes an das Bürgerliche Gesetzbuch.

Durch Art. 13 des Einführungsgesetzes zum Handelsgesetzbuch ist der Reichskanzler ermächtigt, den Text des Gesetzes, betreffend die Erwerbs- und Wirtschaftsgenossenschaften, wie er sich aus den im Art. 10 vorgesehenen Aenderungen ergibt, unter fortlaufender Nummernfolge der Paragraphen und Abschnitte durch das Reichs-Gesetzblatt bekannt zu machen. Es ist dies unter dem 14. Juni 1898 in Nr. 25 des R.G.Bl. (S. 810 ff.) geschehen. Diese Fassung des Genossenschaftsgesetzes ist der vorliegenden Ausgabe zu Grunde gelegt. In der Bekanntmachung des Textes durch den Reichskanzler fehlen die Uebergangsbestimmungen des Gesetzes vom 1. Mai 1889, sie haben gleichwohl auch jetzt noch Gesetzeskraft und sind nach § 161 des Gesetzes abgedruckt, da sie zum Teil noch in der Praxis zu berücksichtigen sind.

(Nr. 1866.)

Gesetz,

betreffend

die Erwerbs- und Wirthschaftsgenossenschaften.

In der Fassung des nach Maßgabe des Art. 13 des Einführungsgesetzes zum Handelsgesetzbuch v. 10. Mai 1897 festgestellten Textes (R.G.Bl. 1898 Nr. 25, S. 810, ausgegeben am 14. Juni 1898).

Wir **Wilhelm**, von Gottes Gnaden Deutscher Kaiser, König von Preußen ꝛc.

verordnen im Namen des Reichs, nach erfolgter Zustimmung des Bundesraths und des Reichstags, was folgt:[1]

[1] In der Bekanntmachung des Textes fehlen die Worte „Wir Wilhelm u. s. w.", doch ist dem eine Bedeutung nicht beizulegen, da die Bekanntmachung nur redaktioneller Natur ist. Die Novelle zum Genossenschaftsgesetz vom 12. August 1896 hatte folgende Bezeichnung erhalten: Gesetz, betreffend die Abänderung des Gesetzes über die Erwerbs- und Wirtschaftsgenossenschaften v. 1. Mai 1889 sowie den Geschäftsbetrieb von Konsumanstalten. — Dieser Zusatz ist in der Bekanntmachung fortgelassen und auch Artikel 2 dieses Gesetzes nicht aufgenommen, so daß ein besonderes Gesetz, betreffend den Geschäftsbetrieb von Konsumanstalten vom 12. August 1896 (R.G.Bl. Nr. 29 S. 695 ff.) übrig geblieben ist. Das Gesetz ist in dieser Ausgabe hinter dem Genossenschaftsgesetz abgedruckt.

Erster Abschnitt.

Errichtung der Genossenschaft.

§. 1.

Gesellschaften von nicht geschlossener Mitgliederzahl,[1] welche die Förderung[2] des Erwerbes oder der Wirthschaft ihrer Mitglieder mittelst gemeinschaftlichen Geschäftsbetriebes[3] bezwecken (Genossenschaften), namentlich:[4]

1. Vorschuß- und Kreditvereine,
2. Rohstoffvereine,
3. Vereine zum gemeinschaftlichen Verkaufe landwirthschaftlicher oder gewerblicher Erzeugnisse (Absatzgenossenschaften, Magazinvereine),
4. Vereine zur Herstellung[5] von Gegenständen und zum Verkaufe derselben auf gemeinschaftliche Rechnung (Produktivgenossenschaften),
5. Vereine zum gemeinschaftlichen Einkaufe von Lebens- oder Wirthschaftsbedürfnissen im Großen und Ablaß im Kleinen (Konsumvereine),[6]
6. Vereine zur Beschaffung von Gegenständen des landwirthschaftlichen oder gewerblichen Betriebes und zur Benutzung derselben auf gemeinschaftliche Rechnung,[7]
7. Vereine zur Herstellung von Wohnungen,

erwerben[8] die Rechte einer „eingetragenen Genossenschaft" nach Maßgabe dieses Gesetzes.

Gz. 1, Entw. I u. II, Komm., Rtg. 1.

[1] Das Statut kann den Erwerb von den verschiedensten Bedingungen abhängig machen, darf nur die Mitgliederzahl nicht ein für allemal festsetzen (Parisius u. Crüger 64 ff.); zulässig ist eine

Beschränkung der Mitgliederzahl nach Oben oder Unten. Anspruch auf Erwerb der Mitgliedschaft besteht dann, wenn nach dem Zweck der Genossenschaft ein unbedingtes Recht der Abweisung nicht möglich ist (R.G. 47 S. 76 Parisius u. Crüger 65). Beschränkungen des Austritts, die über das Gesetz hinausgehen, sind unzulässig, so z. B. ist gesetzwidrig Erhebung von Beiträgen der Ausgeschiedenen zu einem Amortisationsfonds (R.G. Bd. 42 S. 79).

[2] Gz. 1 hatte „Förderung des Kredits, des Erwerbes" ꝛc., vgl. Begr. II 59. Es muß sich um die Förderung wirtschaftlicher Zwecke durch wirtschaftliche Mittel handeln. Die Mitglieder müssen in ihrem Erwerbsberuf oder ihrer Wirtschaftsführung durch Geschäfte der Genossenschaft mit ihnen gefördert werden (Johow Bd. 18 S. 27). Verfolgt die Genossenschaft andere als die in diesem Gesetz (§ 1) bezeichneten Geschäfte, so kann sie aufgelöst werden (81, vgl. § 49). Ueber Konzessionspflicht Parisius u. Crüger 69 ff. Ueber Nebenzwecke Parisius u. Crüger 77.

[3] Eine dauernde, in sich geschlossene Tätigkeit wird vorausgesetzt.

[4] Namentlich bedeutet, daß 1 bis 6 nur erläuternde Beispiele sind, Komm.Ber. 4. Der Geschäftsbetrieb von Hypothekenbanken in der Form der Genossenschaft ist durch Gesetz vom 13. Juli 1899 verboten; durch Gesetz über die privaten Versicherungsunternehmungen vom 12. Mai 1901 sind vom Betrieb von Versicherungsgeschäften auf Gegenseitigkeit die eingetragenen Genossenschaften ausgeschlossen. Ueber Genossenschaften zur Beförderung von Auswanderern, zum Betrieb der Reederei, zum Vertrieb von Arzneimitteln Parisius u. Crüger 73. Nicht geeignet soll die Genossenschaft für den Betrieb solcher Gewerbe sein, die nach den Bestimmungen der Gewerbeordnung bei dem Gewerbetreibenden eine bestimmte persönliche Qualifikation voraussetzen (vgl. aber Parisius u. Crüger 73). Ueber die Anwendung der Gewerbeordnung auf Genossenschaften Parisius u. Crüger 75.

[5] „Herstellung" statt „Anfertigung" wegen landwirtschaftlicher Produktivgenossenschaften (Winzervereine und Molkereigenossenschaften) Begr. II 10.

[6] Marken-Konsumvereine sind nicht eintragungsfähig (Parisius u. Crüger 81). An dem Wesen des Konsumvereins wird dadurch nichts geändert, wenn die Genossenschaft Lieferantenverträge abschließt (Parisius u. Crüger 81). Grenze zwischen Konsumverein und Produktivgenossenschaft zuweilen schwer zu bestimmen; eine Genossenschaft kann nach beiden Richtungen hin wirken (Parisius u. Crüger 82).

[7] Im Entw. I neu, wegen Werkgenossenschaften und Vereinen zur Haltung von Zuchttieren.

[8] Eine nicht eingetragene Genossenschaft kann nicht gezwungen werden, sich unter das G.G. zu stellen oder sich in das Handelsregister eintragen zu lassen (Parisius u. Crüger 85), durch staatliche Verleihung kann ihnen Rechtspersönlichkeit nicht gewährt werden (B.G.B. 22).

§. 2.

Die Genossenschaften können errichtet werden:[1]

1. dergestalt, daß die einzelnen Mitglieder (Genossen) für die Verbindlichkeiten der Genossenschaft dieser sowie unmittelbar den Gläubigern derselben mit ihrem ganzen Vermögen haften (eingetragene Genossenschaft mit unbeschränkter Haftpflicht);
2. dergestalt, daß die Genossen zwar mit ihrem ganzen Vermögen, aber nicht unmittelbar den Gläubigern der Genossenschaft verhaftet, vielmehr nur verpflichtet sind, der letzteren die zur Befriedigung der Gläubiger erforderlichen Nachschüsse zu leisten (eingetragene Genossenschaft mit unbeschränkter Nachschußpflicht);[2]
3. dergestalt, daß die Haftpflicht der Genossen für die Verbindlichkeiten der Genossenschaft sowohl dieser wie unmittelbar den Gläubigern gegen-

über im Voraus auf eine bestimmte Summe beschränkt ist (eingetragene Genossenschaft mit beschränkter Haftpflicht).

Gz. 12, Entw. I u. II, Komm., Rtg. 2. Begr. I 45 bis 57, 88. Begr. II 32 bis 40, 60, Komm.Ber. 5.

[1] Für alle drei Arten G. gelten §§ 1–118, §§ 146–151. Der 8. Abschnitt enthält die besonderen Bestimmungen a) für G. mit unbeschränkter Haftpflicht §§ 119–125, b) für G. mit unbeschränkter Nachschußpflicht §§ 126–130, c) für G. mit beschränkter Haftpflicht §§ 131–142, d) für die Umwandlung von einer Haftart in die andere §§ 143–145. Für den Haftvollzug §§ 109, 115, 122, 128, 141.

[2] Diese zweite Art G. ist in der Kommission hinzugefügt. Vgl. Einleitung, Komm.Ber. 5 u. 49–54, Parisius u. Crüger 45 ff.

§. 3.

Die Firma der Genossenschaft muß vom Gegenstande des Unternehmens entlehnt sein und entsprechend der im §. 2 vorgesehenen Art der Genossenschaft die daselbst bestimmte zusätzliche Bezeichnung enthalten.[1]

Der Name von Genossen oder anderen Personen darf in die Firma nicht aufgenommen werden. Jede neue Firma muß sich von allen an demselben Orte oder in derselben Gemeinde bereits bestehenden Firmen eingetragener Genossenschaften deutlich unterscheiden.[2]

Gz. 2 Abs. 2, 3, Entw. I u. II, Komm. Rtg. 3. Begr. I 88, II 60, Komm.Ber. 5.

[1] Die zusätzliche Bezeichnung muß den Schluß der Firma bilden und darf nicht abgekürzt werden. Das Gesetz schreibt nicht vor, daß für den Fall der Abänderung des Gegenstandes des Unternehmens auch die Firma abgeändert werden muß (Parisius u. Crüger 84). Ueber Löschung einer zu Unrecht eingetragenen Firma Frw.Ger. 147, 142. Ueber Verstöße gegen die Bestimmung,

daß die Firma vom Gegenstande des Unternehmens entlehnt sein muß Parisius u. Crüger 89. Die Firma, abgesehen von der zusätzlichen Bezeichnung, braucht nicht deutsch zu sein, Bl. f. G. 1900, S. 24. Johow Bd. 8 S. 23. Der „Zusatz" ist ein Bestandteil der Firma und daher geeignet zur Unterscheidung der Firma von einer der Firmen einer anderen Gesellschaftsform (Johow 26 S. 215).

[2] H.G.B. 30, Johow Bd. 16 S. 11. Der letzte Satz fehlt im Entw. I (Begr. I 88), wurde hergestellt im Entw. II (Begr. II 60).

§. 4.

Die Zahl der Genossen muß mindestens sieben betragen.[1]

Entw. I u. II, Komm., Rtg. 4. Begr. I 88, II 60, Komm.Ber. 5.

[1] Sinken der Zahl unter 7 führt zur Auflösung 80, ausgenommen E.G. bei Inkrafttreten des G.G. 160 (in den Uebergangsbestimmungen).

§. 5.

Das Statut[1] der Genossenschaft bedarf der schriftlichen Form.[2]

Gz. 2 Abs. 1, Entw. I u. II Komm., Rtg. 5. Begr. I 5, II 61.

[1] Statt „Gesellschaftsvertrag" in Gz. heißt es im G.G. stets „Statut".

[2] 11 Abs. 2, 15 Abs. 1. Vor der Eintragung (13) gelten B.G.B. 705 ff. Versprechen einer Genossenschaft beizutreten wird unter der Voraussetzung rechtswirksam, daß zur Zeit der Abgabe die wesentlichen Grundlagen des Statuts feststehen (R.G. Bd. 30 S. 95 ff., Bd. 40 S. 46). Wenn das Statut vor der Eintragung abgeändert werden soll, muß es von sämtlichen Genossen unterzeichnet werden (Johow 25 S. 263).

§. 6.

Das Statut muß enthalten:[1]

1. die Firma und den Sitz[2] der Genossenschaft;
2. den Gegenstand des Unternehmens;[3]

3. Bestimmungen über die Form für die Berufung[4] der Generalversammlung der Genossen, sowie für die Beurkundung ihrer Beschlüsse und über den Vorsitz in der Versammlung;[5]
4. Bestimmungen über die Form, in welcher die von der Genossenschaft ausgehenden Bekanntmachungen erfolgen, sowie über die öffentlichen Blätter, in welche dieselben aufzunehmen sind.[6]

Gz. 3 Ziffer 1, 2, 8, 11, Entw. I u. II, Komm., Rtg. 6. Begr. I 89, II 61.

[1] Die §§ 6 u. 7 enthalten Essentialia, die das Statut enthalten muß, Begr. II 61. Vgl. ferner 76, 36, 131, 81. Ueber „Leistungen" der Mitglieder Parisius u. Crüger 99, die Leistungen müßten im Statut festgesetzt sein (R.G. Bd. 47 S. 146).

[2] Z.P.O. 19. Aenderung des Sitzes erfolgt im Wege der Statutenänderung und hat nicht Erlöschen zur Folge (Johow Bd. 21 S. 205). Wird der Sitz in das Ausland verlegt, so hat dies zur Folge, daß die Gesellschaft den Charakter als inländische G. verliert (Parisius u. Crüger 101). Dem Inland steht gleich das Ausland, insoweit in demselben die Konsulargerichtsbarkeit gestattet ist (a. a. O.). Die Verwaltung kann an einem anderen Orte geführt werden, die G. hat dann daselbst eine Niederlassung.

[3] Vgl. F.B. 19ff. Aenderung, Parisius u. Crüger 102; es kann die Minderheit durch die Mehrheit nicht gezwungen werden, der G. einen ganz anderen Charakter zu geben. Mißbräuchliche Anwendung des Gesetzes Bl. f. G. 1901 S. 153, 173, 185.

[4] 38, 44—46. Daß für diese Berufung öffentliche Blätter bestimmt werden, ist nicht notwendig, jedoch zweckmäßig, da die Rechtsgültigkeit der Beschlüsse von der ordnungsmäßigen Berufung abhängt (51, 95). Vgl. F.B. 21. Die Generalversammlung muß an dem statutarisch bestimmten Sitz abgehalten werden.

[5] Beurkundg. durch Eintragung in das Protokollbuch 47. Statut muß vorschreiben, wer das Protokoll zu unterschreiben hat.

[6] Die öffentlichen Blätter (eine oder mehrere Zeitungen) sind im Statut namhaft zu machen. Jede Aenderung, also auch der Ersatz eines eingegangenen Blattes ist eine Statutänderung, die nur von der Generalversammlung beschlossen werden kann 16, Parisius u. Crüger 107. Die für die Mitglieder bestimmten Bekanntmachungen, z. B. Einladungen, brauchen nicht in deutscher Sprache zu erfolgen, wohl aber die allgemeinen Bekanntmachungen, z. B. die Bilanz. Es kommt nicht auf die Sprache an, in der das Blatt erscheint, wenn nur die Bekanntmachung selbst deutsch erfolgt (Kammergericht 3. 11. 1899 in Bl. f. G. 1900 S. 24).

§. 7.

Das Statut muß ferner[1] bestimmen:

1. ob die Genossen der unbeschränkten Haftpflicht oder nur der unbeschränkten Nachschußpflicht oder der beschränkten Haftpflicht unterliegen sollen;[2]
2. den Betrag, bis zu welchem sich die einzelnen Genossen mit Einlagen betheiligen können (Geschäftsantheil),[3]

   sowie die Einzahlungen auf den Geschäftsantheil, zu welchen jeder Genosse verpflichtet ist; dieselben müssen bis zu einem Gesammtbetrage von mindestens einem Zehntheile des Geschäftsantheils nach Betrag und Zeit bestimmt sein;[4]
3. die Grundsätze für die Aufstellung und die Prüfung der Bilanz;[5]
4. die Bildung eines Reservefonds,[6] welcher zur Deckung eines aus der Bilanz sich ergebenden Verlustes zu dienen hat, sowie die Art dieser Bildung, insbesondere den Theil des jährlichen Reingewinns, welcher in den Reservefonds einzustellen

ist, und den Mindestbetrag des letzteren, bis zu dessen Erreichung die Einstellung zu erfolgen hat.

Gz. 3 Ziffer 5, 6, 12, Entw. I u. II, Komm., Rtg. 7. Begr. I 79, 90, II 54, 63. Komm.Ber. 5.

[1] Außerdem 36 Abs. 1 u. 131 Abs. 2, 76, 31.

[2] Nur unter einer der drei Haftformen darf sich die eingetragene G. konstituieren. Wird im Statut eine andere Haftpflicht festgesetzt, darf es nicht eingetragen werden.

[3] Gz. gebrauchte die Ausdrücke „Geschäftsanteil" und „Geschäftsguthaben" als gleichbedeutend. Jetzt streng geschieden: Geschäftsanteil bedeutet den Höchstbetrag der statthaften Mitgliedereinlagen, wogegen der jeweilige Betrag, den das Kapitalkonto eines Genossen erreicht, mit „Geschäftsguthaben" bezeichnet wird. — Erhöhung des Geschäftsanteils 16 Abs. 2; Herabsetzung 22 Abs. 1; Zuschreibung des Gewinns 19. Vgl. über Geschäftsguthaben Parisius u. Crüger 111 ff. — Der Geschäftsanteil muß für alle Mitglieder gleich bemessen sein, R.G.-Urteil 29.12.1900, Jurist. Wochenschrift 1901 S. 83.

[4] Statut hat zu bestimmen: a) Höhe des Geschäftsanteils. b) Gesamtbetrag der obligatorischen Einzahlungen (z. B. 50%). c) Beiträge und Fristen für ratenweise Einzahlungen mindestens in betreff 10% des Geschäftsanteils. Die Einzahlung des Restes der obligatorischen Gesamteinzahlung ist Beschlüssen der Generalversammlung zu überlassen, (50), Komm.Ber. 7. Beispiel: „Der Geschäftsanteil beträgt 100 Mk., die Genossen sind verpflichtet, bis zur Höhe von 50 Mk. bare Einzahlungen zu leisten, bis zur Höhe von 10 Mk. monatlich eine Mark." Vgl. F.B. 26. Sacheinlagen sind unzulässig, Parisius u. Crüger 115. Im Konkurse der Genossenschaft hört die Verpflichtung zur Leistung von Einzahlungen auf (Parisius u. Crüger 118 a. A., Kammergericht in dem daselbst mitgeteilten Beschluß). Ueber die Einzahlungspflicht nach Abschreibungen R.G. Bd. 47 S. 158, ist das Geschäftsguthaben infolge Abschreibungen ganz oder zum Teil verloren, so beginnt für die Mitglieder von neuem die Einzahlungspflicht.

[5] Für die Aufstellung der Bilanz sind 39—41 H.G.B. maßgebend 17 Abs. 2, R.G. Bd. 43 S. 123. Prüfung der Bilanz 38, 43, 48.

[6] Bildung des Reservefonds nach Vorschlag Schulze-D. (Schulze-D. 47) obligatorisch. Statut oder Generalversammlung haben nach Begr. II 67 bei Verlusten zu bestimmen, ob der Reservefonds allein zur Deckung zu verwenden, oder ob ein Teil des Verlustes unter Schonung des Reservefonds durch Abschreibung von dem Geschäftsguthaben der Genossen zu decken ist, vgl. 20, 73, 156 (Uebergangsbestimmung). Hier handelt es sich um den obligatorischen Reservefonds zu dem im Gesetze vorgeschriebenen Zweck (Johow Bd. 17 S. 16). Es bleibt dem Statut oder einfachen Generalversammlungsbeschlüssen überlassen, daneben noch sogen. Spezial-Reservefonds (Rücklagen zu besonderem Zweck) zu bilden. — Der Ausscheidende hat keinen Anteil am Reservefonds 73. — Ueber Verteilung des den statutarisch bestimmten Betrag übersteigenden Reservefonds, R.G. Bd. 28 S. 45, Parisius u. Crüger 122.

§. 8.

Der Aufnahme in das Statut bedürfen[1] Bestimmungen, nach welchen:

1. die Genossenschaft auf eine bestimmte Zeit beschränkt wird;[2]
2. Erwerb und Fortdauer der Mitgliedschaft an den Wohnsitz innerhalb eines bestimmten Bezirks geknüpft wird;[3]
3. das Geschäftsjahr, insbesondere das erste, auf ein mit dem Kalenderjahre nicht zusammenfallendes Jahr oder auf eine kürzere Dauer, als auf ein Jahr, bemessen wird;[4]
4. über gewisse Gegenstände die Generalversammlung nicht schon durch einfache Stimmenmehrheit, sondern nur durch eine größere Stimmenmehrheit oder nach anderen Erfordernissen Beschluß fassen kann;[5]

5. die Ausdehnung des Geschäftsbetriebes auf Personen, welche nicht Mitglieder der Genossenschaft sind, zugelassen wird.[6]

Genossenschaften,[7] bei welchen die Gewährung von Darlehen Zweck des Unternehmens ist, dürfen ihren Geschäftsbetrieb, soweit er in einer diesen Zweck verfolgenden Darlehnsgewährung besteht, nicht auf andere Personen außer den Mitgliedern ausdehnen. Darlehnsgewährungen, welche nur die Anlegung von Geldbeständen bezwecken, fallen nicht unter dieses Verbot.

Als Ausdehnung des Geschäftsbetriebes gilt nicht der Abschluß von Geschäften mit Personen, welche bereits die Erklärung des Beitritts zur Genossenschaft unterzeichnet haben und von derselben zugelassen sind.[8]

[9] Konsumvereine (§. 1 Nr. 5) dürfen im regelmäßigen Geschäftsverkehr[10] Waaren nur an ihre Mitglieder oder deren Vertreter verkaufen. Diese Beschränkung findet auf landwirthschaftliche Konsumvereine[11], welche ohne Haltung eines offenen Ladens[12] die Vermittelung des Bezugs von ihrer Natur nach ausschließlich für den landwirthschaftlichen Betrieb bestimmten Waaren besorgen, hinsichtlich dieser Waaren keine Anwendung.

Gz. 3 Nr. 3, 10, 11, Entw. I u. II, Komm., Rtg. 8, Nov. Art. 1 Z. 1. Begr. I 74 bis 77, 83, 94 bis 96. Begr. II 51, 52, 56, 64 ff., Komm.Ber. 7—13. Novelle Begr. 2, Novelle Komm.Ber. 1.

[1] — wenn sie überhaupt getroffen werden. Diese Art Bestimmungen werden hier nicht erschöpft. Andere s. 36, 65, 68, 76. Vgl. F.B. 24 ff.

[2] Gz. 3 Nr. 3. Auflösung 79. Fortsetzung nur nach rechtzeitiger Statutänderung möglich, also Beschluß der General-

versammlung und Eintragung in das Register vor Ablauf der Zeit erforderlich, 16 Abs. 1, Abs. 4.

[3] Wegen Entw. II 63 (G.G. 67 — Begr. II 56 u. 63) zu Gunsten einer Einrichtung der Raiffeisenschen Vereine beschloß die Kommission Einschaltung der Ziff. 2, Komm.Ber. 7. — Ausschluß 67.

[4] Längere Rechnungsperiode als ein Jahr durch H.G.B. 39 verboten. Die Worte „auf ein mit dem Kalenderjahr" bis „oder" sind erst in III. Beratung vom Reichstag eingeschoben. (Stenogr. Bericht 1201, Rtg. 4. April.)

[5] 16, 36, 78, 132, 144. Vgl. H.G.B. 251: unter einfacher Stimmenmehrheit ist die Mehrheit der abgegebenen Stimmen zu verstehen, es ist dies die sog. absolute Mehrheit. Bei Wahlen ist auch Entscheidung nach verhältnismäßiger (relativer) Mehrheit möglich, aber nicht zweckmäßig. Erfordernisse, die über die absolute Mehrheit hinausgehen, führen zur qualifizierten Mehrheit. Bei Wahlen durch die Generalversammlung kann bestimmt werden, daß bei Stimmengleichheit das Los entscheidet (vgl. auch 43).

[6] Vgl. Deklarationsgesetz v. 19. Mai 1871 (R.G.B. 415). Was unter Ausdehnung des Geschäftsbetriebes zu verstehen, s. Begr. II 64 u. 51. Hier ist nur an den Geschäftsbetrieb gedacht, in dem der Zweck der Genossenschaft sich betätigt. Wird der Geschäftsbetrieb, ohne daß es im Statut zugelassen ist, auf Nichtmitglieder ausgedehnt, so machen sich die Mitglieder des Vorstandes und des Aufsichtsrats nach 34, 41 für entstehenden Schaden der Genossenschaft verantwortlich. Begr. II 64.

[7] Begr. I 75 ff. u. 94 ff., Begr. II 51 ff. u. 64 ff., Komm.Ber. 7 bis 10. Das Verbot bezieht sich nur auf Darlehnsgeschäfte, nicht auf sonstige Geschäftszweige; untersagt ist die Darlehnsgewährung nur, insoweit als sie den Zweck des Unternehmens bildet. Zulässig sind als Geschäfte mit Nichtmitgliedern ohne Weiteres Ankauf von Wechseln, sofern die Diskontierung nicht bloß als Form erscheint, unter welcher eine Darlehnsgewährung verwirklicht werden soll, Ankauf und Verkauf von Wertpapieren oder Kaufgelder-Restforderungen, Unterbringung von Geldern bei Bankgeschäften, Sparkassen oder bei anderen Genossenschaften, wenn

es sich um Anlage müßiger Gelder handelt. Die Kommission lehnte die 2. Bestimmung des Entwurfs 77 ab, wonach die Genossenschaft wegen Zuwiderhandlungen gegen das Verbot aufgelöst werden kann, nahm dagegen 8 Abs. 2 unter denjenigen Vorschriften auf, zu deren Befolgung die Mitglieder des Vorstandes nach 152 durch Ordnungsstrafen anzuhalten sind. — Das entgegen dem Verbot vorgenommene Geschäft ist gültig. Begr. II 52, 61. Uebergangsbestimmung 157. Vgl. Parisius u. Crüger 131 ff.

[8] Ausnahme wegen 15 Abs. 3. Begr. II 65.

[9] Der Abs. 4 rührt in der jetzigen Fassung aus dem Ges. v. 1896 her, in G.G. lautete er:

„Konsumvereine (§ 1 Ziffer 5) dürfen im regelmäßigen Geschäftsverkehr Waren nur an Personen verkaufen, welche als Mitglieder oder deren Vertreter bekannt sind oder sich als solche in der durch das Statut vorgeschriebenen Weise legitimieren."

Die Bestimmung bezieht sich nur auf eingetragene Genossenschaften. Wegen der Anwendung auf andere Gesellschaften, nicht eingetragene Genossenschaften, vgl. Art. 2 des Gesetzes vom 12. August 1896, abgedruckt hinter dem Genossenschaftsgesetz.

[10] Konsumvereine (s. Begriff 1 Ziff. 5), die zugleich produzieren, verarbeiten, zubereiten, z. B. Brot backen, Vieh ausschlachten, Kraut einmachen, Pflaumenmus einkochen, Obst dörren, Branntwein destillieren, Apfelmost oder Wein keltern, jungen Wein lagern und behandeln, dürfen so gewonnene Waren an jedermann verkaufen. (Parisius u. Crüger 82.) Auch Weihnachtsausverkäufe (a. A. O.L.G. Marienwerder in Bl.f.G. 1903 S. 475), Verkäufe von Waren, die zu verderben drohen und dgl., Verkauf von Fastagen fallen nicht unter das Verbot. Bis zum 1. Januar 1897 (Art. 3 des Ges. v. 12 August 1896) fehlte es an einer Strafbestimmung für das Verbot (s. Einleitung). Bis dahin hatte der regelmäßige Verkauf von Waren an Nichtmitglieder nur zur Folge, daß Vorstand und Aufsichtsrat sich dem Konsumverein zivilrechtlich verantwortlich machten, wenn diesem durch Verletzung des Verbots Schaden erwachsen wäre.

„Im Großen" kann der Konsumverein an Nichtmitglieder Waren abgeben; zulässig erscheint, daß ein Gewerbetreibender aus dem Konsumverein Rohmaterialien bezieht, und die daraus hergestellten Produkte an jedermann verkauft (Parisius u. Crüger 146).

[11] „Landwirtschaftliche Konsumvereine" sind keine Konsumvereine, d. h. „Vereine zum gemeinschaftlichen Einkaufe von Lebens- oder Wirtschaftsbedürfnissen im Großen und Ablaß im Kleinen" (§ 1 Ziff. 5 G.G.), sondern „Rohstoffvereine" und fallen unter § 1 Ziff. 2 des G.G., sie unterliegen dem Verbot, insofern sie einen „offenen Laden" haben, und wenn sie keinen offenen Laden haben, mit den Waren, die nicht für den landwirtschaftlichen Betrieb bestimmt sind. Gewerbliche Rohstoffvereine fallen auch dann nicht unter das Gesetz, wenn sie einen „offenen Laden" haben, sie sind also frei in dem Verkauf an Nichtmitglieder.

[12] „Offener Laden" ist nach Urteil des O.V.G. v. 11. April 1893, Bl.f.G. 1893 Nr. 29, jeder Laden, dessen Zutritt nicht durch physisches Hindernis geschlossen ist. Dem Sprachgebrauch, wonach ein Laden nicht mehr offen ist, wenn Nichtmitgliedern der Zutritt verboten ist, entspricht eine Entscheidung des Badischen Ministeriums der Finanzen v. 3. Jan. 1891, Bl.f.G. 1891 Nr. 10, ein Laden sei offen, „der nicht nur den Mitgliedern des Vereins, sondern dem Gesamtpublikum zum Zweck von Wareneinkäufen offen steht." — Das Ges. enthält keine Definition. In der Reichstagskommission erklärte ein Regierungsvertreter: „Nach den Entscheidungen des preußischen Oberverwaltungsgerichts sei unter einem „offenen Laden" im allgemeinen ein zum Verkaufe im Kleinverkehr dienendes, mit Warenvorräten zur sofortigen Entnahme ohne vorgängige Bestellung versehenes Geschäftslokal zu verstehen, sofern jedermann der Eintritt offen stehe, d. h. sofern keine Einrichtungen getroffen seien, die den freien Zugang für jedermann tatsächlich derart ausschlössen, daß nur die zum Eintritt Befugten denselben erlangen könnten. Es sei anzunehmen, daß die Gerichte von dieser, der Natur der Sache entsprechenden, in der Literatur gleichfalls vertretenen Auffassung auch bei der Anwendung des gegenwärtigen Gesetzes ausgehen würden. Eine Definition im Gesetze selbst zu geben, erscheine untunlich".

§. 9.

Die Genossenschaft muß einen Vorstand[1] und einen Aufsichtsrath[2] haben.

Die Mitglieder des Vorstandes und des Aufsichtsraths müssen Genossen sein.[3] Gehören der Genossenschaft einzelne eingetragene Genossenschaften als Mitglieder an, oder besteht die Genossenschaft ausschließlich aus solchen,[4] so können Mitglieder der letzteren in den Vorstand und den Aufsichtsrath berufen werden.

Gz. 3 Ziffer 7, 17, 20, Entw. I u. II, Komm., Rtg. 9. Begr. I 81, 96, II 53, 65.

[1] Vgl. 24 bis 35.

[2] Der Aufsichtsrat (36 bis 41) ist nach Schulze-D. Vorschlag (Schulze, Mat. 5, 21, 26) obligatorisch, ständiges Kontrolorgan. Vgl. Strafvorschrift 148 und Uebergangsbest. 158.

[3] Vorstands- und Aufsichtsrats-Mitglieder müssen zwar während ihrer Amtsführung Genossen sein, aber nicht schon zur Zeit ihrer Wahl. Neu gewählte Vorstandsmitglieder, die noch nicht Genossen sind, dürfen ihre eigenen Beitrittserklärungen behufs ihrer Eintragung in die Genossenliste einreichen. Sie müssen physische Personen sein.

[4] Nach dem Gz. war es nach richtiger Auslegung unzulässig, daß eingetragene Genossenschaften Mitglieder eingetragener Genossenschaften werden konnten; unbestritten war es, daß eine E.G. nicht ausschließlich aus E.G. bestehen durfte. Beides ist nach dem Gesetz nun gestattet. Die Bestimmung in Abs. 2 Satz 2 ist namentlich im Interesse landwirtschaftlicher Genossenschaften erlassen. Begr. II 35, vgl. 43 Abs. 4.

§. 10.

Das Statut, sowie die Mitglieder des Vorstandes sind in das Genossenschaftsregister[1] bei dem Gerichte einzutragen, in dessen Bezirke die Genossenschaft ihren Sitz hat.[2]

Das Genossenschaftsregister wird bei dem zur Führung des Handelsregisters zuständigen Gerichte geführt.[3]

Gz. 4, 18, Entw. I u. II, Komm., Rtg. 10. Begr. I 97, 98, II 66, 67.

[1] Gz. erklärte das Genossenschaftsregister für einen Teil des Handelsregisters, doch wurde der Rechtszustand durch die Ausführungsverordnungen in den einzelnen Bundesstaaten verschieden gestaltet. Einheitliche Bestimmungen über die äußere Einrichtung und Führung des Registers enthält jetzt die A.V. v. 1. Juli 1899. Für das Register gilt das in den einzelnen Bundesstaaten vorgeschriebene Formular. Die einer Eintragung zu Grunde liegende Erklärung stellt auch, wenn sie zu Protokoll abgegeben ist, „ein zum Handelsregister eingereichtes Schriftstück dar" (Johow 22 A S. 89).

[2] Ueber das Prüfungsrecht des Richters A.V. 15 Abs. 1. Parisius u. Crüger 161 ff., F.B. 2 ff., 15. Die Eintragung erfolgt nur im Auszuge A.V. 15 Abs. 2.

[3] In betreff der Gerichtszuständigkeit wird hier Entscheidung getroffen. Für die Führung gelten nun die einheitlichen Grundsätze von Frw.Ger. 147, 127 ff., vgl. auch G.G. 156 und H.G.B. 9—11. Beschwerde Frw.Ger. 19. Abschrift der Eintragungen 156, A.V. 26. Ueber die Stellung des Registerrichters zum Prozeßrichter Frw.Ger. 127, Parisius u. Crüger 159. Richtige Eintragungen 94 ff., Frw.Ger. 147.

§. 11.

Die Anmeldung behufs der Eintragung liegt dem Vorstande[1] ob.

Der Anmeldung sind beizufügen:

1. das Statut, welches von den Genossen unterzeichnet sein muß, und eine Abschrift desselben;[2]
2. eine Liste der Genossen;[3]

3. eine Abschrift der Urkunden über die Bestellung[4] des Vorstandes und des Aufsichtsraths.[5]

Die Mitglieder des Vorstandes haben zugleich ihre Unterschrift vor dem Gerichte zu zeichnen oder die Zeichnung in beglaubigter Form einzureichen.[6]

Die Abschrift des Statuts wird von dem Gerichte beglaubigt und, mit der Bescheinigung der erfolgten Eintragung versehen, zurückgegeben. Die übrigen Schriftstücke werden bei dem Gerichte aufbewahrt.[7]

Gz. 4 und 18, Entw. I u. II, Komm., Rtg. 11, A.V. 6, 8, 15, 18. Begr. I 98, II 66.

[1] Die Bestimmungen betreffen nur neugegründete G., für Statutänderungen ist 16 maßgebend. Gz. ließ über die Unterschiede des Anmeldens und Einreichens Zweifel zu (vgl. Parisius Gg. 210). Hier entscheidet 157. Die Anmeldung geschieht durch sämtliche Mitglieder des Vorstandes in Person, oder durch Einreichung in beglaubigter Form. Ist die Beglaubigung durch einen Notar erfolgt, so ist dieser zur Anmeldung berechtigt, Frw.Ger. 129, 147.

[2] Ueber Unterzeichnung des Statuts s. 15. Einfache Abschrift genügt. A.V. 8.

[3] Die Liste der Genossen kann nur diejenigen aufführen, die das Statut unterzeichneten. Die Liste wird vom Gericht selbst weitergeführt. Einheitliches Formular enthält die Ausführungsverordnung. Vgl. Begr. II 66. A.V. 29.

[4] Ueber die Bestellung des ersten Vorstandes und Aufsichtsrats vgl. F.V. 27.

[5] Unbeglaubigte einfache Abschrift des Wahlprotokolls genügt. Die Einreichung unrichtiger Abschriften unterliegt der Strafvorschrift 147. Nur über die erste Bestellung des Aufsichtsrats ist Abschrift der Urkunde einzureichen. Eintragung der Aufsichtsrats-Mitglieder erfolgt nicht. Veränderungen im Personalbestande des Aufsichtsrats sind nicht anzumelden.

[6] Anmeldung und Zeichnung können durch eine Beglaubigung verbunden werden (Kammergericht 20.10.02 in Bl.f.G. 1903 S. 17).

[7] Die Beglaubigung der Unterschriften genügt. Diese Beglaubigung kann auch durch den Gemeindevorsteher oder die Polizeibehörde erfolgen A.B. 8.

§. 12.

Das eingetragene Statut ist von dem Gerichte im Auszuge zu veröffentlichen.[1]

Die Veröffentlichung muß enthalten:

1. das Datum des Statuts;
2. die Firma und den Sitz der Genossenschaft;
3. den Gegenstand des Unternehmens;
4. die Form, in welcher die von der Genossenschaft ausgehenden Bekanntmachungen[2] erfolgen, sowie die öffentlichen Blätter, in welche dieselben aufzunehmen sind;
5. die Zeitdauer der Genossenschaft, falls dieselbe auf eine bestimmte Zeit beschränkt ist;
6. das Geschäftsjahr, falls es, abgesehen von dem ersten, auf ein mit dem Kalenderjahre nicht zusammenfallendes Jahr oder auf eine kürzere Dauer, als auf ein Jahr, bemessen ist;[3]
7. die Namen und den Wohnort der Mitglieder des Vorstandes.

Zugleich ist bekannt zu machen, daß die Einsicht der Liste der Genossen während der Dienststunden des Gerichts Jedem gestattet ist.[4] [5]

Ist in dem Statut bestimmt, in welcher Form der Vorstand seine Willenserklärungen kundgiebt und für die Genossenschaft zeichnet, so ist auch diese Bestimmung zu veröffentlichen.

Gz. 4, Entw. I u. II, Komm., Rtg. II u. Rtg. III, 12. A.B. 4, 5.

[1] Ueber die Blätter, in denen die Veröffentlichung erfolgt, bestimmt 156, A.V. 5.

[2] Unter Bekanntmachungen sind hier die zu verstehen, die der Vorstand namens der Genossenschaft erläßt.

[3] Der Satz in Ziffer 6 ist erst in der dritten Beratung des Reichstags eingeschoben. Vgl. 8 Ziffer 3.

[4] Gegen Erlegung der Kosten hat das Gericht Abschriften von Eintragungen in das Genossenschaftsregister zu erteilen 156, H.G.B. 9 Abs. 2. Die Liste der Genossen ist nicht ein Teil des Genossenschaftsregisters, sondern eine Beilage desselben (A.V. 27), es gelten aber dieselben Grundsätze A.V. 26.

[5] Andere Bestimmungen hat der zu veröffentlichende Auszug nicht zu enthalten; bloß bei G. mit beschränkter Haftpflicht außerdem die Höhe der Haftsumme 131, und im Falle 134 die höchste Zahl der Geschäftsanteile, auf welche sich der Genosse beteiligen kann. Vgl. darüber, was nicht einzutragen und was nicht zu veröffentlichen ist F.B. 47. Für die von dem Gericht zu Unrecht bewirkte Insertion besteht keine Zahlungspflicht (Preuß. J.M.Bl. 1892 S. 328ff., Parisius u. Crüger 97); das Kammergericht hat dann aber durch Beschluß vom 13. Januar 1902 auf Grund des inzwischen erlassenen preußischen Gerichtskostengesetzes dahin entschieden, daß einmal entstandene Einrückungskosten zu erstatten sind, ohne Rücksicht darauf, ob die Einrückung nach dem Gesetz erforderlich war oder nicht (Preuß. J.M.Bl. 1902 S. 110). In fast allen Bundesstaaten sind Erlasse bekannt gegeben, durch die den Gerichten zur Pflicht gemacht wird, bei den Veröffentlichungen den Genossenschaften keine unnötigen Kosten zu verursachen.

§. 13.

Vor der Eintragung in das Genossenschaftsregister ihres Sitzes hat die Genossenschaft die Rechte einer eingetragenen Genossenschaft nicht.[1]

Gz. 5, Entw. I u. II, Komm. Rtg. 13. Einf.Ges. z. H.G.B. Art. 10 I.

[1] Vor der Eintragung gelten für die Genossenschaft B.G.B. 705 ff. Die erfolgte Eintragung ist nicht rückgängig zu machen die Genossenschaft müßte sich auflösen oder für nichtig erklärt werden Frw.Ger. 147.

§. 14.

Jede Zweigniederlassung[1] muß bei dem Gerichte, in dessen Bezirke sie sich befindet, behufs Eintragung in das Genossenschaftsregister angemeldet werden.[2]

Die Anmeldung hat die im §. 12 vorgeschriebenen Angaben zu enthalten. Derselben sind zwei beglaubigte Abschriften des Statuts[3] und eine durch das Gericht der Hauptniederlassung beglaubigte Abschrift der Liste der Genossen beizufügen.[4] Die Bestimmung im §. 11 Absatz 3 findet Anwendung.

Das Gericht hat die eine Abschrift des Statuts, mit der Bescheinigung der erfolgten Eintragung versehen, zurückzugeben und von der Eintragung zu dem Genossenschaftsregister bei dem Gerichte der Hauptniederlassung Mittheilung zu machen.

Gz. 7, Entw. I u. II, Komm. Rtg. 14, Begr. I 99, II 67, A.B. 6, 8, 19.

[1] Eine Zweigniederlassung setzt voraus, daß an dem Orte derselben selbständige Rechtsgeschäfte abgeschlossen werden, R.O.H.G. Bd. 14 S. 402, Parisius u. Crüger 176 ff. Ueber Prüfung seitens des Gerichts Johow 27 A S. 210. Ueber Zweigniederlassungen, die sich in dem Gerichtsbezirke der Hauptniederlassung befinden A.B. 19. Errichtung ist Akt der Geschäftsführung. Das Vermögen der G. ist ein einheitliches; der Vorstand vertritt die gesamte G. Auflösung der Zweigniederlassung A.B. 19 Abs. 4.

[2] Gz. 7 verwies auf H.G.B. G.G. behandelt Anmeldungen und Anzeigen bei dem Gericht der Zweigniederlassung in 157.

158. Mit Ausnahme des Eintritts und Austritts von Genossen, des Erwerbs weiterer Geschäftsanteile und der Auflösung der Genossenschaft sind die dem Vorstande obliegenden Anmeldungen zum Genossenschaftsregister auch dem Gericht der Zweigniederlassung zu erstatten.

[3] Beglaubigung „durch eine zuständige Behörde oder einen zuständigen Beamten oder Notar" (A.V. 8 Abs. 2.)

[4] Die Liste der Genossen wird vom Gericht der Zweigniederlassung weitergeführt 158, Begr. II 67.

§. 15.

[1] Nach der Anmeldung des Statuts zum Genossenschaftsregister bedarf es zum Erwerbe der Mitgliedschaft einer von dem Beitretenden zu unterzeichnenden, unbedingten Erklärung des Beitritts.[2]

Der Vorstand hat die Erklärung im Falle der Zulassung des Beitretenden behufs Eintragung desselben in die Liste der Genossen dem Gerichte (§. 10) einzureichen.[3] Die Eintragung ist unverzüglich vorzunehmen.[4]

Durch die Eintragung, welche auf Grund der Erklärung und deren Einreichung stattfindet, entsteht die Mitgliedschaft des Beitretenden.

Von der Eintragung hat das Gericht den Genossen und den Vorstand zu benachrichtigen.[5] Die Beitrittserklärung wird in Urschrift bei dem Gerichte aufbewahrt.[6] Wird die Eintragung versagt, so hat das Gericht hiervon den Antragsteller unter Rückgabe der Beitrittserklärung und den Vorstand in Kenntniß zu setzen.[7]

Gz. 2 Abs. 4, 3, Ziff. 4, 4, 25 u. 26, Entw. I u. II, Komm. Rtg. 15, Begr. I 63 bis 68, 99 bis 103, Begr. II 44 bis 47, 67 bis 70, Komm.Ber. 14, 15, A.V. 7, 3, 29.

[1] Nach dem früheren Gesetz bewirkten Beitrittserklärung und Aufnahme den Erwerb der Mitgliedschaft; nach Entscheidung höchster Gerichtshöfe mußten auch sonstige Bedingungen des Statuts erfüllt sein. Zum Ausscheiden genügte rechtzeitig erfolgte Kündigung. Die vierteljährlich dem Gericht einzureichenden Ab- und Zugangslisten, die danach zu ergänzende Mitgliederliste des Gerichts und die alljährlich einzureichende alphabetische Liste waren von keiner rechtlichen Bedeutung für die Mitglieder. — Nach dem G.G. hat die entscheidende Bedeutung nur die gerichtliche Liste. Entstehung und Endigung der Mitgliedschaft sind lediglich an die Eintragung in die Liste geknüpft. Ueber die Verpflichtung der Genossenschaft, einen sich Meldenden aufzunehmen § 1 Anm. 1.

[2] Ueber Beitrittserklärungen vgl. 120, 127. Ehefrauen bedürfen nicht der Genehmigung des Ehemannes. Ausstellung durch Bevollmächtigte zulässig (Johow Bd. 24 S. 74). Unbedingt, also nicht von der Aufnahme abhängig, muß der Beitritt erklärt werden. Versprechen, einer G. beizutreten, giltig, wenn zur Zeit der Abgabe die wesentliche Grundlage des Statuts feststand. R.G. Bd. 40 S. 46; Beitritt Minderjähriger durch Vormund mit Genehmigung des Vormundschaftsgerichts, der Analphabeten mit notarieller oder gerichtlicher Beglaubigung des Handzeichens. Es genügt, daß der Erklärende seinen Namen schreiben kann R.G.Urteil 17.2.1900, Bl.f.G. 1900 S. 262. Kaufleute können die Beitrittserklärung mit ihrem Handelsnamen, der eingetragenen Firma, ausstellen. Eine Einzelfirma aber kann nicht Mitglied werden (Johow Bd. 13 S. 51). Anerkannte Vereine und Gesellschaften des B.G.B. können Mitglieder werden, da sie verpflichtungsfähig sind. Aenderungen in dem Namen der Mitglieder, z. B. bei Verheiratung, sind anzuzeigen. Eine Beglaubigung der Beitrittserklärung ist nicht erforderlich. Vgl. über alle diese Fälle Parisius u. Crüger 186.

[3] Der Vorstand hat pflichtmäßig zu ermessen, ob er die Beitrittserklärungen sofort, oder, wie Begr. II 69 in der Regel als genügend annimmt, z. B. allmonatlich, einreichen soll. — Die Einreichung kann mündlich oder schriftlich nach Maßgabe der auf

die Form der Willenserklärungen des Vorstandes bezüglichen Bestimmungen des § 25 erfolgen. Begr. II 69. Vgl. F.B. 50

[4] Der Registerrichter hat nur die formale Prüfung. Im Falle des Beitritts einer Gesellschaft ist z. B. nicht zu prüfen die Legitimation der Vertreter (Beschluß des Kammergerichts 27. 9. 04 Bl.f.G. 1904 S. 473). Gegen eine aus formalen Gründen verweigerte Eintragung findet Beschwerde statt (Frw.Ger. 19), eine aus materiellen Gründen (z. B. Fälschung, Dispositionsunfähigkeit) ungerechtfertigte Eintragung ist nur mittels Klage anfechtbar Komm.Ber. 15, A.B. 29 Abs. 3 u. 4. Die Unterschrift muß deutlich sein, Vor- und Familiennamen müssen ausgeschrieben, Wohnort und Beruf müssen angegeben sein. Ueber die Anfechtung wegen betrügerischer Veranlassung, Parisius u. Crüger 190, der daselbst im Gegensatz zu verschiedenen Entscheinungen des R.G. vertretenen Auffassung hat sich das R.G. in der Plenarentscheidung vom 16. Mai 04 angeschlossen (Entsch. 57 S. 292), es heißt daselbst: „Ist die Mitgliedschaft nach § 15 des Gesetzes erworben, so kann wohl die Beitrittserklärung angefochten werden, wenn ihre Abgabe nicht dem Bewußtsein des Eingetragenen entsprochen hat, oder die Handlung der Abgabe rechtswidrig herbeigeführt worden ist, und insofern mag die Bemerkung der Begründung, daß die Anfechtung der Beitrittserklärung wegen Betrugs oder Zwangs möglich sein könne, zutreffend sein; ist aber die Beitrittserklärung so, wie sie vorliegt, gewollt, so mag sich der Genosse an den Dritten halten, der ihn zum Beitritt veranlaßte; dagegen ist er der Genossenschaft wie deren Gläubigern gebunden." Ueber Berichtigung der Mitgliederliste Bl. f. G. 1900 S. 352, 1901 S. 142; Eintragung auf Grund falscher Namen ist einfach zu berichtigen.

[5] Für die Benachrichtigung sind Schreibgebühren nicht zu berechnen (A.B. 3 Abs. 2). Postkarten mit gedrucktem Inhalte genügen. Porto ist zu erstatten. Begr. II 69.

[6] Diese Beitrittserklärungen gehören zu den Anlagen des Genossenschaftsregisters, deren Vorlegung jeder fordern kann.

[7] Der letzte Satz war erst im Bundesrat beschlossen Begr. II 68. Ueber die richterliche Prüfung, Anm. 4, A.B. 29. Im Falle der

Versagung hat der Antragsteller Rechtsmittel Frw.Ger. 19; die erfolgte Eintragung kann, ausgenommen A.V. 24, 36, nur im Prozeß beseitigt werden.

§. 16.

Eine Abänderung des Statuts oder die Fortsetzung einer auf bestimmte Zeit beschränkten Genossenschaft kann nur durch die Generalversammlung beschlossen werden.[1]

Zu einer Abänderung des Gegenstandes des Unternehmens, sowie zur Erhöhung des Geschäftsantheils[2] bedarf es einer Mehrheit von drei Viertheilen der erschienenen Genossen. Das Statut kann noch andere Erfordernisse aufstellen.[3] Zu sonstigen Aenderungen des Statuts bedarf es einer Mehrheit von drei Viertheilen[4] der erschienenen Genossen, sofern nicht das Statut andere Erfordernisse aufstellt.[5]

Auf die Anmeldung[6] und Eintragung des Beschlusses finden die Vorschriften des §. 11 mit der Maßgabe entsprechende Anwendung, daß der Anmeldung zwei Abschriften des Beschlusses beizufügen sind. Die Veröffentlichung des Beschlusses findet nur insoweit statt, als derselbe eine der im §. 12 Absatz 2 und 4 bezeichneten Bestimmungen zum Gegenstande hat.[7]

Der Beschluß hat keine rechtliche Wirkung, bevor er in das Genossenschaftsregister des Sitzes der Genossenschaft eingetragen ist.[8]

Gz. 6, Entw. I u. II, Komm. Rtg. 16, Einf.Ges. z. H.G.B. Art. 10 II, Begr. I 103, II 70, Komm.Ber. 15, A.V. 6, 16.

[1] Auf den Umfang der Statutänderung kommt nichts an. Es bleibt eine Statutänderung, auch wenn alle §§ abgeändert sind;

die Statutänderung ist zu Protokoll zu nehmen, wie jeder andere Beschluß der Generalversammlung. Die Uebertragung einer etwaigen Statutenänderung an Vorstand und Aufsichtsrat ist unzulässig. Ueber die Form der Beurkundung Kammergericht 3. 7. 1899 Bl.f.G. 1899 S. 399. Die Fortsetzung der Genossenschaft muß vor Ablauf der Zeit beschlossen und eingetragen sein. Auch die Sonderrechte unterliegen der Statutänderung (Parisius u. Crüger 201). Abänderungen können nicht erzwungen werden, es können nur Frw.Ger. 147 Abs. 2 u. 3 zur Anwendung kommen.

[2] Nicht zur Hinaufsetzung der Einzahlungen oder Verkürzung der Einzahlungsfristen (Begr. II 70).

[3] „Noch andere Erfordernisse" = strengere Erfordernisse. Komm.Ber. 16. Gezählt werden nur die abgegebenen giltigen Stimmen.

[4] 3/4 Stimmen verlangt das Gesetz außerdem noch bei 36, 78 und 132.

[5] „Andere Erfordernisse" können erleichternd oder erschwerend sein. „Erschienen" sind die Genossen, die sich an der Abstimmung beteiligt haben (R.G. Bd. 20 S. 140).

[6] Die Anmeldung der Statutänderung erfolgt durch den gesamten Vorstand (157 persönlich oder in beglaubigter Form). Die zwei beizufügenden Abschriften des Beschlusses bedürfen keiner Beglaubigung. Anmeldung zum Gericht der Zweigniederlassung 157 Abs. 2. Ueber Anmeldung, Eintragung und Veröffentlichung vgl. F.B. 41 ff. Prüfungsrecht des Richters, Parisius u. Crüger 203 ff.: der Richter hat den zur Eintragung angemeldeten Beschluß nur darauf zu prüfen, ob er mit den Bestimmungen des G.G. verträglich ist — das Anfechtungsrecht der Genossen nach § 51 hat auf die Eintragung keine Wirkung.

[7] „Sache der Generalversammlung wird es sein, durch präzise Beschlußfassung unnötige Druckkosten zu ersparen." Ueber zu Unrecht erfolgte Insertionen vgl. 13 Anm. 4.

[8] Im Beschluß kann für die Rechtswirksamkeit auch ein späterer Termin bestimmt werden.

Zweiter Abschnitt.

Rechtsverhältnisse der Genossenschaft und der Genossen.[1]

[1] Die im entsprechenden Abschnitte des Gz. enthaltenen §§ 13 bis 15 sind als selbstverständlich fortgelassen. Begr. II 25.

§. 17.

Die eingetragene Genossenschaft als solche[1] hat selbständig ihre Rechte und Pflichten; sie kann Eigenthum und andere dingliche Rechte an Grundstücken erwerben, vor Gericht klagen und verklagt werden.

Genossenschaften gelten als Kaufleute im Sinne des Handelsgesetzbuchs, soweit dieses Gesetz keine abweichenden Vorschriften enthält.[2]

Gz. 11 Abs. 1 u. 3, Entw. I u. II, Komm. Rtg. 17, Begr. I 105, II 71, Komm.Ber. 16.

[1] Gz. und Entw. lauteten wörtlich wie H.G.B. 111 u. 164 für offene Handelsgesellschaften und für Kommanditgesellschaften. Die Komm. wollte klarlegen, daß E.G. juristische Person sei. Ueber strafrechtliche und zivilrechtliche Verantwortung, Parisius u. Crüger 214 ff. Genossenschaften sind erbfähig, B.G.B. 2101 Abs. 2. Ueber Erwerbsbeschränkungen, Einf.Ges. z. B.G.B. 86, Parisius u. Crüger 135. Die für Genossenschaften wichtigsten Bestimmungen des H.G.B. s. bei Parisius u. Crüger 213 ff. Unzulässige Selbstbevollmächtigung ist nicht anzunehmen, wenn unter den Vollmacht erteilenden Vorstandsmitgliedern sich das Mitglied befindet, das Vollmacht erhält, vgl. Parisius u. Crüger 250.

[2] Insbesondere kommen zur Anwendung die Bestimmungen des H.G.B. zur Führung und Aufbewahrung der Bücher und Aufstellung der Bilanz.

§. 18.

Das Rechtsverhältniß der Genossenschaft und der Genossen richtet sich zunächst nach dem Statut. Letzteres darf von den Bestimmungen dieses Gesetzes nur insoweit abweichen, als dies ausdrücklich für zulässig erklärt ist.[1]

Gz. 9 Abs. 1, Entw. I u. II, Komm. Rtg. 18, Begr. I 105, II 71.

[1] Abweichungen sind für zulässig erklärt in 16 Abs. 2, 19 Abs. 2, 20, 24 Abs. 2, 25 Abs. 1, 27 Abs. 1, 36 Abs. 1, 38 Abs. 3, 39 Abs. 2, 43 Abs. 4, 44 Abs. 1 u. 2, 45 Abs. 1 u. 2, 46 Abs. 1 u. 2, 65 Abs. 2, 68, 73 Abs. 2, 76 Abs. 1, 78 Abs. 1, 83 Abs. 1, 85 Abs. 1, 89 Abs. 2, 91 Abs. 3, 93, 105 Abs. 2, 132, 134.

§. 19.

Der bei Genehmigung der Bilanz für die Genossen sich ergebende Gewinn[1] oder Verlust des Geschäftsjahres ist auf diese zu vertheilen.[2] Die Vertheilung geschieht für das erste Geschäftsjahr nach dem Verhältniß ihrer auf den Geschäftsantheil geleisteten Einzahlungen, für jedes folgende nach dem Verhältniß ihrer durch die Zuschreibung von Gewinn oder die Abschreibung von Verlust zum Schlusse des vorhergegangenen Geschäftsjahres ermittelten Geschäftsguthaben. Die Zuschreibung des Gewinns erfolgt solange, als nicht der Geschäftsantheil erreicht ist.

Das Statut kann einen anderen Maßstab für die Vertheilung von Gewinn und Verlust aufstellen, sowie Bestimmung darüber treffen, inwieweit der Gewinn vor Erreichung des Geschäftsantheils an die Genossen auszuzahlen ist.[3] Bis zur Wiederergänzung eines durch Verlust verminderten Guthabens findet eine Auszahlung des Gewinns nicht statt.[4]

Gz. 9 Abs. 2 und 47, Entw. I u. II, Komm. Rtg. 19, Begr. I 105, II 71—73.

[1] Die Fassung gestattet „einen größeren oder geringeren Teil des Gewinns zu anderen Zwecken“ (Dotierung des Reservefonds, Tantième, Bildung einer besonderen Gewinnreserve) zu verwenden. Begr. II 71. Liberalitäten können beschlossen werden, wenn das Statut beliebige Verwendung nicht ausschließt. Die Generalversammlung hat darüber zu beschließen (48). Ausschließung der Gewinnverteilung 20. Ueber die Arten der Deckung des Verlustes Parisius u. Crüger 231 ff. Das Statut muß die Verlustdeckung so regeln, daß alle Mitglieder zu derselben heranzuziehen sind und zwar in gleicher Weise. Das sog. freiwillige Umlageverfahren, bei dem ein durch das Vereinsvermögen nicht gedeckter Verlust bei bestehender Genossenschaft auf die Mitglieder „umgelegt“ wird, ist nach dem G. nicht möglich. Für die Abhebung der Dividende kann Statut Präklusivfrist vorsehen. Vgl. B.G.B. 801.

[2] Gilt für die bestehende E.G., nach Auflösung der Genossenschaft sind 92, 93 maßgebend. Der Anspruch auf Feststellung des Reingewinns und des zur Verteilung kommenden Anteils ist kein klagbares Sonderrecht des einzelnen Mitgliedes. Entstehung des Anspruchs auf Auszahlung des festgesetzten Gewinnes setzt materiell richtige Bilanz voraus (R.G. Bd. 32 S. 52).

[3] Ueber die Grundsätze für den Maßstab der Gewinn- und Verlustverteilung bei den verschiedenen Arten Genossenschaften vgl. Parisius u. Crüger 226 ff.

[4] Vgl. 34, 41, Gz. 9 Abs. 2 u. Begr. II 72.

§. 20.

Durch das Statut kann festgesetzt werden, daß der Gewinn nicht vertheilt, sondern dem Reservefonds zugeschrieben wird.[1]

Komm. 19a, Rtg. 20, Komm.Ber. 17, Nov.Komm.Ber. 12 ff.

[1] Diese von der Reichstagskommission vorgeschlagene Bestimmung (Komm.Ber. 11) ist eine Erweiterung des § 20 G.G., der

durch die damalige Reichstagskommission im Interesse der Raiffeisenschen Dahrlehnskassenvereine beantragt und vom Reichstag beschlossen wurde (Komm.Ber. 17) und dahin lautete:

„Durch das Statut kann für einen bestimmten Zeitraum, welcher zehn Jahre nicht überschreiten darf, festgesetzt werden, daß der Gewinn nicht verteilt, sondern dem Reservefonds zugeschrieben wird. Bei Ablauf des Zeitraums kann die Festsetzung wiederholt werden; für den Beschluß genügt, sofern das Statut nicht andere Erfordernisse aufstellt, einfache Stimmenmehrheit.“

Uebrigens war durch §. 20 G.G. nicht gehindert, durch Statut einen unteilbaren Stiftungsfonds zu bilden und die Mitglieder vom Gewinn auszuschließen (Parisius u. Crüger 155.)

§. 21.

Für das Geschäftsguthaben werden Zinsen von bestimmter Höhe nicht vergütet, auch wenn der Genosse Einzahlungen in höheren als den geschuldeten Beträgen geleistet hat.[1]

Auch können Genossen, welche mehr als die geschuldeten Einzahlungen geleistet haben, im Falle eines Verlustes andere Genossen nicht aus dem Grunde in Anspruch nehmen, daß von letzteren nur diese Einzahlungen geleistet sind.

Gz. 9 Abs. 3, Entw. I u. II, Komm. 20, Rtg. 21. Begr. I 108, II 73.

[1] War auch nach Gz. nicht zulässig, trotzdem vielfach üblich. Es kann im Statut bestimmt werden, daß vom Reingewinn **zunächst** eine, durch einen Prozentsatz nach oben fixierte Kapitaldividende zur Verteilung kommt. Ueblich bei allen G., die den Geschäftsgewinn nicht lediglich nach dem Geschäftsguthaben, sondern vorwiegend nach den bezogenen Waren (Lebensmittel bei Konsumvereinen, Rohstoffe bei Rohstoffvereinen) oder den gelieferten Produkten (Trauben bei Winzer-, Milch bei Molkerei-, Obst bei Obstverwertungs-Genossenschaften) verteilen.

§. 22.

Eine Herabsetzung des Geschäftsantheils oder der auf denselben zu leistenden Einzahlungen oder eine Verlängerung der für die letzteren festgesetzten Fristen kann nur unter Beobachtung der Bestimmungen erfolgen, welche für die Vertheilung des Genossenschaftsvermögens im Falle der Auflösung maßgebend sind.[1]

Das Geschäftsguthaben eines Genossen darf, solange er nicht ausgeschieden ist,[2] von der Genossenschaft nicht ausgezahlt oder im geschäftlichen Betriebe zum Pfande genommen, eine geschuldete Einzahlung darf nicht erlassen werden.[3]

Gegen die letztere kann der Genosse eine Aufrechnung nicht geltend machen.[4]

Entw. I u. II, Komm. 21, Rtg. 22, Begr. I 109, II 50, 73ff., Komm.Ber. 18.

[1] Vgl. 105—133, 143, 16, 7, Begr. II 50, 73, Komm.Ber. 18. — Der Vorstand muß die beschlossene Herabsetzung zu drei verschiedenen Malen bekannt machen und die Gläubiger auffordern, sich zu melden. Die Herabsetzung tritt in Wirksamkeit erst frühestens nach Ablauf eines Jahres seit der dritten Bekanntmachung. Die Gläubiger, welche sich bis zu diesem Zeitpunkt gemeldet haben, sind zu befriedigen, betagte, streitige Forderungen, schwebende Verbindlichkeiten sind sicher zu stellen. Erst wenn hierdurch die Voraussetzungen der Herabsetzung erfüllt sind, ist der Beschluß, soweit er eine Statutänderung betrifft (Parisius u. Crüger 160), zur Eintragung in das Register anzumelden. Nach erfolgter Eintragung darf die Auszahlung vorgenommen werden oder Verlängerung der Einzahlungsfristen erfolgen. Die im Fall des 133 verlangte Einreichung der Bekanntmachungen und Abgabe der Versicherung ist hier nicht vorgeschrieben. Ueber Sicherheitsleistung B.G.B. 232ff.

[2] 73 Abs. 2.

[3] Diese Bestimmung ist auch gegen die sogen. Guthabenbeleihungen gerichtet. Vgl. Begr. II 74 u. Komm.Ber. 18. Nicht verboten ist die Gewährung von Blankokredit. Der G. verbleibt das gesetzliche Kompensationsrecht. — Hat das Mitglied auf den Geschäftsanteil größere Einzahlungen geleistet, als es verpflichtet war, so sind dieselben, wenn nichts anderes verabredet oder im Statut bestimmt ist, auf die späteren Termine zu verrechnen. — Für Zuwiderhandlungen haften Vorstand und Aufsichtsrat in Gemäßheit 34 Abs. 3 und 41 Abs. 3. Erlaß B.G.B. 397.

[4] Aufrechnung kann sich aber aus tatsächlichen Verhältnissen ergeben, Parisius u. Crüger 164.

§. 23.

Für die Verbindlichkeiten der Genossenschaft haften die Genossen nach Maßgabe dieses Gesetzes.[1] [2]

Wer in die Genossenschaft eintritt, haftet auch für die vor seinem Eintritt eingegangenen Verbindlichkeiten.

Ein den vorstehenden Bestimmungen zuwiderlaufender Vertrag ist ohne rechtliche Wirkung.

Gz. 12, Entw. I u. II, Komm. 22, Rtg. 23. Einf.Ges. z. H.G.B. Art. 10 III. Begr. I 111, II 75.

[1] 122, 128, 141.

[2] Komm.Ber. 19. — Handelsfrauen können selbständig Mitglied werden. Die Ehefrau ist nach B.G.B. geschäftsfähig.

Dritter Abschnitt.

Vertretung und Geschäftsführung.

§. 24.

Die Genossenschaft wird durch den Vorstand[1] gerichtlich[2] und außergerichtlich vertreten.[3]

Der Vorstand besteht aus zwei Mitgliedern und wird von der Generalversammlung gewählt.[4] Durch das Statut kann eine höhere Mitgliederzahl sowie eine andere Art der Bestellung festgesetzt werden.

Die Mitglieder des Vorstandes können besoldet[5] oder unbesoldet sein. Ihre Bestellung ist zu jeder Zeit widerruflich, unbeschadet der Entschädigungsansprüche aus bestehenden Verträgen.[6]

Gz. 9 u. 17, Entw. I u. II, Komm. 23, Rtg. 24. Begr. I 112, II 77, Komm.Ber. 19 A.B. 7.

[1] Es gibt keine Filialkassenvorstände (R.G. Bd. 22 S. 70ff.).

[2] Die §§ 22 u. 24 des entsprechenden Abschn. III des Gz. über Leistung von Eiden durch den Vorstand und über Zustellungen an die Genossenschaft sind durch Z.P.O. erledigt. Die Vorstandsmitglieder können in Sachen der Genossenschaft nicht Zeugen sein. R.G. Bd. 2 S. 400, Bd. 17 S. 367, Z.P.O. 473, 474, 171, 183, 184, 180 (bei Zustellung an Aufsichtsrat). Das bevollmächtigte Vorstandsmitglied kann sich unter denen befinden, die Vollmacht erteilen (vgl. auch R.G. 56 S. 104). Ueber Wechsel-Protest vgl. R.G. Bd. 24 S. 86; es genügt in der Regel Wechsel-Protest bei dem Beamten, der mit dem Kassenverkehr beauftragt ist (R.G. 58 S. 227).

[3] Die Vertretung geschieht in der in 25 vorgeschriebenen Form. Der Vorstand ist gesetzlicher Vertreter, es kommen daher auf ihn die Bestimmungen des H.G.B. über die Handlungsbevollmächtigten nicht zur Anwendung. Die Vertretung ist unbeschränkt und unbeschränkbar 27.

[4] Nach Gz. genügte ein Vorstandsmitglied und war nur Wahl zulässig, Begr. II 75. Vorstandsmitglieder müssen physische Personen sein; ist eine offene Handelsgesellschaft Mitglied, so kann nicht diese in den Vorstand (oder Aufsichtsrat) gewählt werden, sondern nur ihre Mitglieder, die dann als für ihre Person Mitglieder der Genossenschaft sein müssen. Für Reichsbeamte kommt Gesetz vom 31. März 1873 § 16 in Betracht bei der Frage, ob sie das Amt als Vorstandsmitglied annehmen können; für die Beamten der Bundesstaaten entscheiden die Landesgesetze.

[5] Das Gehalt ist nicht ein Aequivalent für die in bestimmter Zeit geleisteten Dienste, es stehen sich vielmehr gegenüber: die Uebernahme der Tätigkeit als Vorstandsmitglied und der Genuß des vereinbarten Gehalts.

[6] Entscheidet sich nach B.G.B. 626. Für den Rücktritt der Vorstandsmitglieder gilt B.G.B. 626ff., 662, 671. Statutarische Erschwernis der Amtsenthebung erscheint nicht zulässig.

§. 25.

Der Vorstand hat in der durch das Statut bestimmten Form seine Willenserklärungen kundzugeben und für die Genossenschaft zu zeichnen.[1] Ist nichts darüber bestimmt, so muß die Erklärung und Zeichnung durch sämmtliche Mitglieder des Vorstandes erfolgen. Weniger als zwei Mitglieder dürfen hierfür[2] nicht bestimmt werden.

Die Zeichnung geschieht in der Weise, daß die Zeichnenden zu der Firma der Genossenschaft oder zu der Benennung des Vorstandes ihre Namensunterschrift beifügen.[3]

Gz. 19, Entw. I u. II, Komm. 24, Rtg. 25, Begr. I 112, II 70, Komm.Ber. 20.

[1] Von der Zeichnung kann kein Vorstandsmitglied ausgeschlossen werden.

[2] Hierfür d. h. auch für mündliche Willenserklärungen, Begr. II 75. Der Grundsatz gilt nur für den Fall, daß ein „Handeln" in Betracht kommt, nicht aber für die Kenntnis von Tatumständen.

[3] Der Vorstand ist nicht berechtigt, einem seiner Mitglieder die ganze Geschäftsführung zu übertragen. Für die Haftbarkeit der Genossenschaften aus Handlungen ihrer Vertreter aber kommt B.G.B. 31, 89 in Betracht (Parisius u. Crüger 217) und hiernach besteht die Verpflichtung zum Schadensersatz für die Handlungen eines Vertreters, die er in Ausführung der ihm zustehenden Verrichtungen begangen hat. Die Giltigkeit eines Rechtsgeschäfts ist nicht davon abhängig, daß die Vorstandsmitglieder zur Unter-

schrift die Firma hinzusetzen (Johow Bd. 21 S. 105). Unterschrift auf litographischem Wege erscheint nicht zulässig (Parisius u. Crüger 181).

§. 26.

Die Genossenschaft wird durch die von dem Vorstande in ihrem Namen geschlossenen Rechtsgeschäfte berechtigt und verpflichtet; es ist gleichgültig, ob das Geschäft ausdrücklich im Namen der Genossenschaft geschlossen worden ist, oder ob die Umstände ergeben, daß es nach dem Willen der Vertragschließenden für die Genossenschaft geschlossen werden sollte.[1]

Zur Legitimation[2] des Vorstandes Behörden gegenüber genügt eine Bescheinigung des Gerichts (§. 10), daß die darin zu bezeichnenden Personen als Mitglieder des Vorstandes in das Genossenschaftsregister eingetragen sind.

Gz. 20, Entw. I u. II, Komm. 25, Rtg. 26, Begr. I 113, II 76, Komm.Ber. 20.

[1] Die Rechtsgültigkeit der Handlungen des Vorstandes wird nicht durch dessen Eintragung bedingt (R.G. Bd. 9 S. 90). Unbeschränkte Vertretung 27.

[2] Darüber, daß es in der Regel eines Nachweises für den Verkehr mit dem Grundbuch nicht bedarf vgl. Preuß. J.M.Bl. 1896 S. 117, Kammergericht 5. 12. 1900, Bl.f.G. 1901 S. 75.

§. 27.

Der Vorstand ist der Genossenschaft gegenüber verpflichtet, die Beschränkungen einzuhalten, welche für den Umfang seiner Befugniß, die Genossenschaft zu vertreten, durch das Statut oder durch Beschlüsse der Generalversammlung festgesetzt sind.[1]

Gegen dritte Personen hat eine Beschränkung der Befugniß des Vorstandes, die Genossenschaft zu vertreten, keine rechtliche Wirkung.[2] Dies gilt insbesondere für den Fall, daß die Vertretung sich nur auf gewisse Geschäfte oder Arten von Geschäften erstrecken oder nur unter gewissen Umständen oder für eine gewisse Zeit oder an einzelnen Orten stattfinden soll oder daß die Zustimmung der Generalversammlung, des Aufsichtsraths oder eines anderen Organs[3] der Genossenschaft für einzelne Geschäfte erfordert ist.

Gz. 21, Entw. I u. II, Komm. 26, Rtg. 27.

[1] Verantwortung 31. Der Vorstand ist an gesetz- oder statutenwidrige Beschlüsse der Generalversammlung oder des Aufsichtsrats nicht gebunden. Führt der Vorstand einen statutarisch erforderlichen Beschluß der Generalversammlung nicht herbei, so macht er sich verantwortlich, es sei denn, er führt den Nachweis, die Generalversammlung hätte Vornahme des Geschäfts beschlossen (R.G. 35 S. 83 dageg. R.G. 3. 5. 02 in Monatsschrift 1902 S. 260).

[2] Die Kenntnis des Dritten begründet die exceptio doli für die G., wenn die Vorstandsmitglieder arglistig gegen sie handelten.

[3] Die Genossenschaft kann also außer Vorstand und Aufsichtsrat noch andere Organe haben. Die Generalversammlung kann keine Verträge abschließen (R.G. Bd. 43 S. 286, Bd. 45 S. 150).

§. 28.

Jede Aenderung des Vorstandes, sowie die Beendigung der Vertretungsbefugniß eines Vorstandsmitgliedes ist durch den Vorstand zur Eintragung in das Genossenschaftsregister anzumelden.[1] [2] Eine Abschrift der Urkunden über die Bestellung oder über die Beendigung der Vertretungsbefugniß[3] eines Vorstandsmitgliedes ist der Anmeldung beizufügen und wird bei dem Gericht aufbewahrt.

Die Vorstandsmitglieder haben ihre Unterschrift vor dem Gerichte zu zeichnen oder die Zeichnung in beglaubigter Form einzureichen.

Gz. 23 Abs. 1, Entw. I u. II, Komm. 27, Rtg. 28, Einf.Ges. z. H.G.B. Art. 10 IV, A.V. 6, 8, 18. Begr. I 113, II 76, Komm. Ber. 21.

[1] Ob Anmeldung der Wiederwahl nötig, war nach Gz. bestritten (Parisius Gz. 301), das Gesetz von 1889 verlangte die Anmeldung, durch Einf.Ges. z. H.G.B. ist die Bestimmung in Fortfall gebracht; Wiederwahlen sind also nicht mehr anzumelden. Die Vorstandsmitglieder brauchen erst mit der Anmeldung Mitglieder zu werden (Johow Bd. 18 S. 32). Ueber Prüfungsrecht des Richters betreffend die Ordnungsmäßigkeit der Wahl Parisius u. Crüger 272 die Richtigkeit der angemeldeten Tatsachen hat der Richter nicht zu prüfen.

[2] Anmeldung und Eintragung der neu gewählten Vorstandsmitglieder kann nicht vor Beginn ihres Amtes erfolgen. A.V. 18. Beglaubigung A.V. 8. Anmeldung zur Zweigniederlassung 157.

[3] Beschluß des Aufsichtsrats über die vorläufige, der Generalversammlung über die definitive Suspension.

§. 29.

Eine Aenderung des Vorstandes, eine Beendigung der Vertretungsbefugniß eines Vorstandsmitgliedes, sowie eine Aenderung des Statuts rücksichtlich der Form für Willenserklärungen des Vorstandes kann, solange sie nicht in das Genossenschaftsregister eingetragen und öffentlich bekannt gemacht ist, von der Genossenschaft einem Dritten nicht entgegengesetzt werden, es sei denn, daß dieser von der Aenderung oder Beendigung Kenntniß hatte.[1]

Nach der Eintragung und Bekanntmachung muß der Dritte die Aenderung oder Beendigung gegen sich gelten lassen, es sei denn, daß er sie weder kannte noch kennen mußte.

Für den Geschäftsverkehr mit einer in das Genossenschaftsregister eingetragenen Zweigniederlassung ist im Sinne dieser Vorschriften die Eintragung und Bekanntmachung durch das Gericht der Zweigniederlassung entscheidend.[2]

Gz. 23 Abs. 3, Entw. I u. II, Komm. 28, Rtg. 29, Einf.Ges. z., H.G.B. Art. 10 IV, Begr. I 114, II 77.

[1] H.G.B. 15.

[2] Für den Geschäftsverkehr mit der Zweigniederlassung soll wenn es sich um die Frage handelt, ob eine eingetragene Tatsache Dritten entgegengesetzt werden kann (H.G.B. 15 Abs. 3), nicht die Eintragung in das Register der Hauptniederlassung, sondern in das der Zweigniederlassung entscheidend sein (Denkschrift zum H.G.B. 312).

§. 30.

Der Vorstand hat ein Verzeichniß der Genossen zu führen und dasselbe mit der Liste in Uebereinstimmung zu halten.[1]

Gz. 25, Entw. I u. II, Komm. 29, Rtg. 30, Begr. I 114, II 77, Komm.Ber. 21.

[1] Ordnungsstrafen 160. Das Gericht ist nicht befugt, dem Vorstand aufzugeben, die Liste regelmäßig vorzulegen.

§. 31.

Für Konsumvereine, welche einen offenen Laden haben, hat der Vorstand, um die Beobachtung der Bestimmung des §. 8 Absatz 4 zu sichern, Anweisung[1] darüber zu erlassen, auf welche Weise sich die Vereinsmitglieder oder deren Vertreter den Waarenverkäufern gegenüber zu legitimiren haben. Abschrift der Anweisung hat er der höheren Verwaltungsbehörde,[2] in deren Bezirk die Genossenschaft ihren Sitz hat, unverzüglich einzureichen.

Die höhere Verwaltungsbehörde ist befugt, die Mitglieder des Vorstandes zur Einreichung und nöthigenfalls zur Abänderung oder Ergänzung der Anweisung durch Geldstrafen bis zum Betrage von je dreihundert Mark anzuhalten.[3]

Gegen die Anordnungen und Straffestsetzungen der höheren Verwaltungsbehörde findet binnen zwei Wochen die Beschwerde an die Landeszentralbehörde statt.

Nov. Entw. Art. 2, Komm. Art. 1, 4, Rtg. Art. 1, 3, Komm. Ber. 5.

[1] Ueber Anweisungen und Legitimationskarten s. Bl. f. G. 1896 388 ff., 404 —, den Erlaß des preußischen Ministers für Handel und Gewerbe vom 6. November 1896 Parisius u. Crüger 277 Die Bestimmung gilt für Konsumvereine mit offenem Laden, ist also enger als das Verbot in 8.

[2] Höhere Verwaltungsbehörde 161.

[3] Strafbestimmung 152 ff.

§. 32.

Von Konsumvereinen oder von Gewerbetreibenden, welche mit solchen wegen Waarenabgabe an die Mitglieder in Verbindung stehen, dürfen Marken oder sonstige nicht auf den Namen lautende Anweisungen oder Werthzeichen, welche anstatt baaren Geldes die Mitglieder zum Waarenbezug berechtigen sollen, nicht ausgegeben werden.[1]

Nov. Komm. Art. 1 4. Rtg. Art. 1 3, Komm. Ber. 6.

[1] Nicht die Ausgabe von Dividendenmarken — als Unterlage für die Verteilung von Dividenden — sondern „von Marken als Zahlungs-Surrogate beim Einkauf von Waren" ist verboten, weil in der Ausgabe solcher Wertmarken ein Privilegium zu sehen sei, das den Konsumvereinen von vornherein einen Vorsprung vor dem Privatkaufmann gebe (Komm. Ber. 6). Strafbestimmung 154.

§. 33.

Der Vorstand ist verpflichtet, Sorge zu tragen, daß die erforderlichen Bücher der Genossenschaft geführt werden.[1]

Er muß binnen sechs Monaten nach Ablauf jedes Geschäftsjahres[2] die Bilanz[3] desselben, die Zahl der im Laufe des Jahres eingetretenen oder ausgeschiedenen, sowie die Zahl der am Jahresschlusse der Genossenschaft angehörigen Genossen veröffentlichen.[4] Die Bekanntmachung ist zu dem Genossenschaftsregister einzureichen.[5] [6]

Gz. 26, Entw. I u. II, Komm. 30, Rtg. 31, Begr. I 115, II 77. A.B. 7.

[1] H.G.B. 38. Die Strafvorschriften für Unterlassung genügender Buchführung K.O. 244 treffen die Vorstandsmitglieder als solche, und nicht nur die, welche speziell die Sorge für die Buchführung haben (Parisius u. Crüger 278 ff.) Zu den Büchern gehört die Bilanz. Ueber den Begriff „Buchführung" R.G. Strafsachen Bd. 25 S. 364, Bd. 29 S. 222.

[2] d. h. Geschäftsperiode. Der Gewinn kann nicht verteilt werden, bevor er nicht auf Grund der Bilanz von der Generalversammlung festgesetzt ist.

[3] Ueber Begriff der Bilanz und die bei der Aufstellung zu beobachtenden Grundsätze Parisius u. Crüger 280 ff., R.G. Bd. 43 S. 123. Bilanz ist durch alle Vorstandsmitglieder zu unterzeichnen. Die Veröffentlichung aber geschieht in der für die Abgabe von Willenserklärungen vorgeschriebenen Form.

[4] Die Bilanz ist nach der Genehmigung durch die Generalversammlung in den statutarisch bestimmten Blättern zu veröffentlichen durch den zeitigen Vorstand. Zu den „am Jahresschluß angehörigen Genossen" gehören nicht die Mitglieder, die zum Jahresschluß gekündigt haben, so hat das R.G. (Bd. 56 S. 425) entschieden im Gegensatz zu der bisherigen Rechtsprechung der Gerichte in den einzelnen Bundesstaaten. Daraus folgt, daß in der Bilanz auch die Geschäftsguthaben der ausscheidenden Mitglieder auszusondern sind. Die Rechnungslegung ist eine Pflicht der Vorstandsmitglieder, welche die Geschäfte geführt haben (vgl. hierüber Parisius u. Crüger 281). Erst nach ordnungsmäßiger Rechnungslegung ist die Kaution zurückzugeben.

[5] Auch zum Gericht der Zweigniederlassung 157. — Es muß aber eine Bilanz im kaufmännischen Sinne sein, die veröffentlicht ist, sonst ist das Gericht zur Beanstandung verpflichtet (Johow, Bd. 20 S. 60; Bd. 24 S. 200).

[6] Ordnungsstrafe 160.

§. 34.

Die Mitglieder des Vorstandes haben die Sorgfalt eines ordentlichen Geschäftsmannes anzuwenden.

Mitglieder, welche ihre Obliegenheiten verletzen, haften der Genossenschaft[1] persönlich und solidarisch für den dadurch entstandenen Schaden.

Insbesondere sind sie zum Ersatze der Zahlung verpflichtet, wenn entgegen den Vorschriften in §§. 19, 22 der Gewinn oder das Geschäftsguthaben ausgezahlt wird.[2]

Die Ansprüche auf Grund der vorstehenden Bestimmungen verjähren in fünf Jahren.[3]

Gz. 27 Abs. 1, 33 Abs. 1, Entw. I u. II, Komm. 31, Rtg. 32, Begr. I 115, II 78.

[1] Die Genossenschaft hat nachzuweisen, welchen Pflichten die Vorstandsmitglieder obzuliegen haben und daß zwischen den

Pflichten und dem Schaden ein Kausalzusammenhang besteht. Der Vorstand ist verantwortlich, wenn er einen Generalversammlungsbeschluß in schuldhafter Weise herbeigeführt hat (Parisius u. Crüger 290). Alle Vorstandsmitglieder haften, wo es sich um die Obliegenheiten handelt, die das Gesetz dem Vorstande als solchem zuweist; eine von den Vorstandsmitgliedern unter sich vorgenommene Teilung der Verwaltung ist der Genossenschaft gegenüber mit Rücksicht auf die gesetzliche Haftung unverbindlich. Mit der Dechargeerteilung begibt sich die Generalversammlung nicht ohne weiteres aller Regreßansprüche (Parisius u. Crüger 290). Den Gläubigern haften die Vorstandsmitglieder nur in den Fällen 90 Abs. 3 u. 142. R.G. 24.4.1900 Bl.f.G. 1900 S. 496. Den Genossen haften die Vorstandsmitglieder nur außerkontraktlich (Parisius u. Crüger 291).

[2] Ohne besonderen Schadensnachweis 99, ebenso 40 Aufsichtsrat.

[3] Vgl. Begr. II 78, B.G.B. 198. Die Verjährung beginnt mit dem Eintritt des Schadens aus der schädigenden Handlung. Unterbrechung der Verjährung nach B.G.B. 208 ff.

§. 35.

Die für Mitglieder des Vorstandes gegebenen Vorschriften gelten auch für Stellvertreter von Mitgliedern.[1]

Entw. I u. II, Komm. 32, Rtg. 33. Begr. I 116, II 78. A.B. 19.

[1] Die A.G. hat das Kammergericht (Johow Bd. 24 A. S. 194) ausgesprochen, daß stellvertretende Vorstandsmitglieder unter Kennzeichnung dieser Eigenschaft einzutragen sind; vgl. dagegen Parisius u. Crüger 293.

§. 36.

[1] Der Aufsichtsrath[2] besteht, sofern nicht das Statut eine höhere Zahl festsetzt, aus drei von der Generalversammlung zu wählenden Mitgliedern.[3] Die zu einer Beschlußfassung erforderliche Zahl ist durch das Statut zu bestimmen.

Die Mitglieder dürfen keine nach dem Geschäftsergebniß bemessene Vergütung (Tantieme) beziehen.[4]

Die Bestellung zum Mitgliede des Aufsichtsraths kann auch vor Ablauf des Zeitraums, für welchen dasselbe gewählt ist, durch die Generalversammlung widerrufen werden. Der Beschluß bedarf einer Mehrheit von drei Viertheilen der erschienenen Genossen.[5]

Gz. 28 Abs. 1, Entw. I u. II, Komm. 33, Rtg. 34. Begr. I 117, II 78, Komm.Ber. 21.

[1] 36—41 „enthalten in Verbindung mit 9 die Bestimmungen über den obligatorisch gemachten Aufsichtsrat. Sie lehnen sich, indem sie den Inhalt der §§ 28 u. 29 des Gz. der Hauptsache nach aufgenommen haben, in den meisten Beziehungen zugleich an die Artikel 10 Abs. 1 u. 4, 192, 225, 225a u. 226 des Aktiengesetzes an". (Begr. II 76.)

[2] Strafvorschrift 148.

[3] Ueber Wahl und Anmeldung des ersten Aufsichtsrats vgl. F.B. 14 Die Aufsichtsratsmitglieder müssen physische und handlungsfähige Personen sein. Unzulässig ist jede statutarische Beschränkung in der Wahl der Aufsichtsratsmitglieder.

[4] Vgl. Begr. II 79, Komm.Ber. 21. Jede andere Art der Vergütung, z. B. feste Besoldung, Sitzungsgelder, Zeitversäumnisgelder, Stundengelder und dergl. ist gestattet. Auch ist, wie in der Kommission „ohne Widerspruch konstatiert" wurde, nicht ausgeschlossen, daß eine etwaige feste Besoldung der Aufsichtsratsmitglieder nach Maßgabe des erzielten Geschäftsgewinns nachträglich erhöht oder daß am Schlusse des Geschäftsjahrs denselben mit Rücksicht auf den erzielten Gewinn eine Remuneration zugebilligt wird." (Komm.Ber. 22.)

[5] Die Aufsichtsratsmitglieder dürfen nicht beliebig zurücktreten (R.G. Bd. 13 S. 50), vgl. B.G.B. 627, 671. Das Statut kann den Beschluß des Widerrufs nicht von weiteren Voraussetzungen abhängig machen.

§. 37.

Die Mitglieder des Aufsichtsraths dürfen nicht zugleich Mitglieder des Vorstandes oder dauernd Stellvertreter derselben sein, auch nicht als Beamte die Geschäfte der Genossenschaft führen.[1] Nur für einen im Voraus begrenzten Zeitraum kann der Aufsichtsrath einzelne seiner Mitglieder zu Stellvertretern von behinderten Mitgliedern des Vorstandes bestellen;[2] während dieses Zeitraums und bis zur ertheilten Entlastung des Vertreters darf der letztere eine Thätigkeit als Mitglied des Aufsichtsraths nicht ausüben.

Scheiden aus dem Vorstande Mitglieder aus, so dürfen dieselben nicht vor ertheilter Entlastung in den Aufsichtsrath gewählt werden.[3]

Gz. 28 Abs. 1, Entw. I u. II, Komm. 34, Rtg. 35. Begr. I 118, II 79.

[1] Es ist nicht zulässig, im Statut einzelnen Mitgliedern des Aufsichtsrats die Stellvertretung behinderter Vorstandsmitglieder zu übertragen.

[2] Dritten gegenüber ist die Beschränkung bedeutungslos. Die Bestellung darf nur auf einen im voraus begrenzten Zeitraum und für bestimmte, bereits gegebene, nicht aber für alle möglichen künftigen Behinderungsfälle erfolgen (Johow Bd. 15 S. 30). Dem Richter kann die Prüfung, ob ein Fall der Behinderung vorliegt und ob die zeitliche Beschränkung gegeben ist, nicht zugewiesen werden, vgl. darüber Parisius u. Crüger 302 a. A., Birkenbihl-Maurer 190.

[3] Die Entlastung kann nur durch die Generalversammlung erfolgen.

§. 38.

Der Aufsichtsrath[1] hat den Vorstand bei seiner Geschäftsführung in allen Zweigen der Verwaltung zu überwachen und zu dem Zweck sich von dem Gange der Angelegenheiten der Genossenschaft zu unterrichten. Er[2] kann jederzeit über dieselben Berichterstattung von dem Vorstande verlangen und selbst oder durch einzelne von ihm zu bestimmende Mitglieder die Bücher und Schriften der Genossenschaft einsehen, sowie den Bestand der Genossenschaftskasse und die Bestände an Effekten, Handelspapieren und Waaren untersuchen. Er hat die Jahresrechnung, die Bilanzen[3] und die Vorschläge zur Vertheilung von Gewinn und Verlust zu prüfen und darüber der Generalversammlung vor Genehmigung der Bilanz Bericht zu erstatten.

Er hat eine Generalversammlung zu berufen, wenn dies im Interesse der Genossenschaft erforderlich ist.

Weitere Obliegenheiten des Aufsichtsraths werden durch das Statut bestimmt.[4]

Die Mitglieder des Aufsichtsraths können die Ausübung ihrer Obliegenheiten nicht anderen Personen übertragen.[5]

Gz. 28 Abs. 2 bis 4, Entw. I u. II, Komm. 35, Rtg. 36. Begr. I 118, II 79, Komm.Ber. 22.

[1] Der Aufsichtsrat wird der Verantwortlichkeit für die ihm hier übertragenen Obliegenheiten nicht dadurch enthoben, daß das Statut für dieselben noch andere Personen bestellt.

[2] Der Aufsichtsrat, nicht die einzelnen Mitglieder desselben.

[3] In Entw. I u. II stand „Bilanz"; Druckfehler, in der Komm. verbessert. Aus der Verpflichtung zur Prüfung der Bilanz ergibt sich auch die Pflicht zur Prüfung der Inventuraufnahme.

[4] Weitere durch das Gesetz überwiesene Obliegenheiten 40, 41 Abs. 3, 39, 51, 83, 90. Die Befugnisse des Aufsichtsrats dürfen im Statut nicht so weit bestimmt werden, daß die Verwaltung in

seine Hände gelegt wird. Zu einem gültigen Beschluß in einer gemeinsamen Sitzung des Vorstandes und Aufsichtsrats ist erforderlich die Beschlußfähigkeit, sowohl des Vorstandes als des Aufsichtsrats, und die Zustimmung der Mehrheit der anwesenden Mitglieder, sowohl des Vorstandes wie des Aufsichtsrats. Vgl. Parisius u. Crüger 301.

[5] d. h. nicht solchen Personen, die nicht dem Aufsichtsrat angehören; sachverständige Hilfskräfte darf er selbstverständlich hinzuziehen. Hat der Aufsichtsrat nach Maßgabe des Statuts oder der Beschlüsse der Generalversammlung Kommissionen gebildet, so werden regelmäßig die einer Kommission nicht angehörigen Mitglieder des Aufsichtsrats nicht regreßpflichtig gemacht werden können, wenn die Kommission ihren Obliegenheiten nicht pflichtgemäß nachgekommen ist.

§. 39.

Der Aufsichtsrath ist ermächtigt, die Genossenschaft bei Abschließung von Verträgen mit dem Vorstande zu vertreten und gegen die Mitglieder desselben die Prozesse zu führen, welche die Generalversammlung beschließt.[1]

Der Genehmigung des Aufsichtsraths bedarf jede Gewährung von Kredit[2] an ein Mitglied des Vorstandes, soweit letztere nicht durch das Statut an noch andere Erfordernisse geknüpft oder ausgeschlossen ist. Das Gleiche gilt von der Annahme eines Vorstandsmitgliedes als Bürgen für eine Kreditgewährung.

In Prozessen gegen die Mitglieder des Aufsichtsraths wird die Genossenschaft durch Bevollmächtigte vertreten, welche in der Generalversammlung gewählt werden.[3]

Gz. 29, Entw. I u. II, Komm. 36, Rtg. 37. Begr. I 119, II 80, Komm.Ber. 22 u. 23.

[1] 49 Abs. 2. Es handelt sich um Regreßprozesse. Legitimation wird durch Nachweis der Wahl geführt. Interventionsrecht der

einzelnen Genossen besteht nach Z.P.O. 66. Im Konkurs der Genossenschaft führt der Konkursverwalter die Prozesse.

[2] Unter Gewährung von Kredit fällt auch die Anlage müßiger Gelder (Begr. II 80, Komm.Ber. 22). Schulze-D. hatte vorgeschlagen, die Vorstandsmitglieder von der Kreditgewährung gänzlich auszuschließen (Schulze-D. 48).

[3] Es handelt sich um Regreßprozesse.

§. 40.

Der Aufsichtsrath ist befugt, nach seinem Ermessen Mitglieder des Vorstandes[1] vorläufig, bis zur Entscheidung der ohne Verzug zu berufenden Generalversammlung, von ihren Geschäften zu entheben und wegen einstweiliger Fortführung derselben das Erforderliche zu veranlassen.[2]

Gz. 28 Abs. 2, Entw. I u. II, Komm. 37, Rtg. 38. Begr. I 120, II 81, A.B. 10.

[1] Das Gz. hatte dasselbe Recht dem Aufsichtsrat auch bezüglich der Beamten gegeben. (Begr. II 81.) Die definitive Entscheidung hat die Generalversammlung und kann ihr nicht genommen werden (Johow Bd. 10 S. 27, ebenso Parisius u. Crüger 314).

[2] 37, 35, 28.

§. 41.

Die Mitglieder des Aufsichtsraths haben die Sorgfalt eines ordentlichen Geschäftsmannes anzuwenden.[1]

Mitglieder, welche ihre Obliegenheiten verletzen, haften der Genossenschaft persönlich und solidarisch für den dadurch entstandenen Schaden.[2]

Insbesondere sind sie in den Fällen des §. 34 Absatz 3 zum Ersatze der Zahlung verpflichtet, wenn diese mit ihrem Wissen und ohne ihr Einschreiten erfolgt ist.

Die Ansprüche auf Grund der vorstehenden Bestimmungen verjähren in fünf Jahren.[4]

Entw. I u. II, Komm. 38, Rtg. 39. Begr. I 121, II 81.

[1] Die Haftpflicht ist keine subsidiäre R.G. Bd. 13 S. 51. Strafrechtliche Verantwortung 146 ff. Ueber den Einfluß der Decharge R.G. Bd. 35 S. 83. Gegenüber den Genossen nur nach B.G.B. 823, 829, 852 — gegenüber den Gläubigern 90 Abs. 3, 143.

[2] Beweislast wie im Fall von 34.

[3] Wie Vorstand 34, Begr. II 81.

[4] 27.

§. 42.

Der Betrieb von Geschäften der Genossenschaft, sowie die Vertretung der letzteren in Bezug auf diese Geschäftsführung kann auch sonstigen Bevollmächtigten oder Beamten der Genossenschaft zugewiesen werden. In diesem Falle bestimmt sich die Befugniß derselben nach der ihnen ertheilten Vollmacht; sie erstreckt sich im Zweifel auf alle Rechtshandlungen, welche die Ausführung derartiger Geschäfte gewöhnlich mit sich bringt.[1]

Die Bestellung von Prokuristen oder von Handlungsbevollmächtigten zum gesammten Geschäftsbetriebe findet nicht statt.[2]

Gz. 30, Entw. I u. II, Komm. 39, Rtg. 40. Begr. I 121, II 81.

[1] Der erste Absatz wörtlich = Gz. 30. Auch Vorstandsmitglieder können Vollmacht erhalten, vgl. 17 Anm. 1. Nur durch den Vorstand kann die Vollmacht ausgestellt werden, Beschränkungen des Vorstandes in der Vollmachtserteilung sind Dritten gegenüber bedeutungslos. Stillschweigende Erweiterung der Vollmacht ist Dritten gegenüber verbindlich. Die Rechte und Pflichten zwischen Bevollmächtigten und Dritten richten sich nach B.G.B. 179; vgl. jedoch auch R.G. 21. 4. 1900, Monatsschrift für Handelsrecht 1900 S. 193.

[2] Durch den neuen Abs. 2 wird die Streitfrage, übereinstimmend mit Schulze-D. Antrag (Mat. 9 u. 27), dahin entschieden, daß, entgegen A.G., Prokuristen u. s. w. ausgeschlossen werden. (Begr. II 81, Parisius 266, 285.)

§. 43.

Die Rechte,[1] welche den Genossen in den Angelegenheiten der Genossenschaft, insbesondere in Bezug auf die Führung der Geschäfte, die Prüfung der Bilanz und die Vertheilung von Gewinn und Verlust zustehen, werden in der Generalversammlung durch Beschlußfassung der erschienenen Genossen ausgeübt.[2]

Jeder Genosse hat eine Stimme.[3]

Ein Genosse, welcher durch die Beschlußfassung entlastet oder von einer Verpflichtung befreit werden soll, hat hierbei kein Stimmrecht. Dasselbe gilt von einer Beschlußfassung, welche den Abschluß eines Rechtsgeschäfts mit einem Genossen betrifft.[4]

Die Genossen können das Stimmrecht nicht durch Bevollmächtigte ausüben.[5] Diese Bestimmung findet auf handlungsunfähige Personen, Korporationen, Handelsgesellschaften, Genossenschaften oder andere Personenvereine und, wenn das Statut die Theilnahme von Frauen an der Generalversammlung ausschließt, auf Frauen keine Anwendung. Ein Bevollmächtigter kann nicht mehr als einen Genossen vertreten.[6]

Gz. 10, Entw I u. II, Komm. 40, Rtg. 41. Begr. I 122, II 81, Komm.Ber. 23.

[1] Individualrechte (Rechte der Minderheit) nur in 45 Abs. 3 47, 48, 51. Auch Sonderrechte der Mitglieder können durch Statut abgeändert werden (Parisius u. Crüger 322). Berufung 6, 44 —

Tagesordnung 46. — Der Vorsitzende hat nur die formelle Leitung. Präsenzliste ist überflüssig. Es kann der Fall eintreten, daß am Ort kein Lokal so groß ist, daß es alle Mitglieder faßt, der Vorstand (oder Aufsichtsrat) hat seine Pflicht getan, wenn er das geeignetste Lokal gewählt hat. Anwesenheit von Nichtmitgliedern hat nicht die Ungiltigkeit der Beschlüsse zur Folge, selbst das Mitstimmen von Nichtmitgliedern nur, wenn der Beschluß dadurch beeinträchtigt sein kann (Parisius u. Crüger 327). Ist ein Mitglied zu Unrecht an der Teilnahme behindert, so hat dies Ungiltigkeit der Beschlüsse zur Folge und zwar aller, an denen teilzunehmen das betreffende Mitglied behindert war (vgl. R.G. 20. 12. 02 in Bl.f.G. 1903 S. 285).

[2] Rechte der Generalversammlung in 44 Abs. 2, 48, 27 Abs. 1, 36 Abs. 2 u. 3, 83 Abs. 1 u. 4, 39, 78 Abs. 1, 49, 89 Abs. 2. Die Generalversammlung kann nicht Schiedsrichter in Sachen der G. sein (R.G. 55 S. 326). Die Generalversammlung muß am Sitz der Genossenschaft abgehalten werden, wenn das Statut nichts anderes bestimmt. Vertagung ist gleichbedeutend mit neuer Berufung.

[3] Und nur eine Stimme, Begr. II 82. Stichentscheid durch den Vorsitzenden daher unzulässig. Beschränkung der Sprechzeit insoweit nur zulässig, als nicht die sachgemäße Erörterung beschränkt wird (R.G. Bd. 36 S. 24). Ein Genosse, der in Ausübung seines Stimmrechts behindert wird, kann auf Zulassung klagen (R.G. Bd. 20 S. 142). Zur Beschlußfähigkeit wird die Anwesenheit von drei Genossen erforderlich sein (bezw. 3 Stimmen), vgl. Parisius u. Crüger 327. H.G.B. 251 besagt, daß „einfache" Stimmenmehrheit die Bedeutung von „absoluter" hat, für die G. fehlt eine solche Bestimmung, vgl. 8 Anm. 5.

[4] Dieser Absatz ist neu. Vorstand und Aufsichtsrath haben bei der Abstimmung über die Bilanz kein Stimmrecht (R.G. Bd. 4 S. 302).

[5] Ueber Rechte der Erben 77.

[6] Der Bevollmächtigte kann auch Genosse sein.

§. 44.

Die Generalversammlung wird durch den Vorstand berufen, soweit nicht nach dem Statut oder diesem Gesetze[1] auch andere Personen dazu befugt sind.[2]

Eine Generalversammlung ist außer den im Statut oder in diesem Gesetze ausdrücklich bestimmten Fällen zu berufen, wenn dies im Interesse der Genossenschaft erforderlich erscheint.

Gz. 31 Abs. 1 u. 2, Entw. I u. II, Komm. 41, Rtg. 42.

[1] 38 Abs. 2, 45 Abs. 3.

[2] Das Statut wird bestimmen, ob in erster Reihe der Vorstand oder der Aufsichtsrat die Generalversammlung zu berufen hat. Ist bei der Berufung die Form nicht gehörig gewahrt, so beeinflußt dies die Giltigkeit der Beschlüsse nicht, wenn nur kein Zweifel über die Abhaltung der Generalversammlung besteht (R.G. Bd. 34 S. 113).

§. 45.

Die Generalversammlung muß ohne Verzug berufen werden, wenn der zehnte Theil oder der im Statut hierfür bezeichnete geringere Theil[1] der Genossen in einer von ihnen unterschriebenen Eingabe unter Anführung des Zwecks und der Gründe die Berufung verlangt.[2]

In gleicher Weise sind die Genossen berechtigt, zu verlangen, daß Gegenstände zur Beschlußfassung einer Generalversammlung angekündigt werden.

Wird dem Verlangen nicht entsprochen so kann das Gericht (§. 10) die Genossen, welche das Verlangen gestellt haben, zur Berufung der Generalversammlung oder zur Ankündigung des Gegenstandes ermächtigen.[3]

Mit der Berufung oder Ankündigung ist die gerichtliche Ermächtigung bekannt zu machen.[4]

Gz. 31 Abs. 3, Entw. I u. II, Komm. 42, Rtg. 43. Begr. I 128, II 83.

[1] Einen größeren Teil (Gz. 31) als 1/10 darf das Statut nicht hierfür bezeichnen.

[2] F.B. 116.

[3] Das Gericht kann den Antrag nach Prüfung aus materiellen Gründen zurückweisen. Sofortige Beschwerde nach Frw.Ger. 148, 146 Abs. 2. In der Ermächtigung wird zweckmäßigerweise für die Berufung eine Frist gesetzt werden.

[4] Abs. 2 u. 3 neu nach A.G. 237 (jetzt H.G.B. 254), Begr. II 83.

§. 46.

Die Berufung der Generalversammlung muß[1] in der durch das Statut bestimmten Weise mit einer Frist von mindestens einer Woche erfolgen.

Der Zweck der Generalversammlung soll jederzeit bei der Berufung[2] bekannt gemacht werden. Ueber Gegenstände, deren Verhandlung nicht in der durch das Statut oder durch §. 45 Absatz 3 vorgesehenen Weise mindestens drei Tage vor der Generalversammlung angekündigt ist, können Beschlüsse nicht gefaßt werden; hiervon sind jedoch Beschlüsse über die Leitung der Versammlung, sowie über Anträge auf Berufung einer außerordentlichen Generalversammlung ausgenommen.

Zur Stellung von Anträgen und zu Verhandlungen ohne Beschlußfassung bedarf es der Ankündigung nicht.

Gz. 32, Entw. I u. II, Komm. 43, Rtg. 44. Begr. I 129, II 83, Komm.Ber. 23.

[1] Komm. beschloß „muß erfolgen“ statt „hat zu erfolgen“ des Entw., um anzudeuten, daß Verletzung der Vorschrift einen Grund

zur Anfechtung der Beschlüsse bildet. Komm.Ber. 23. Nach B.G.B. 187 wird bei der Berechnung der Frist — eine Woche = 7 Tage — der Tag nicht mitgerechnet, in welchen das Ereignis oder der Zeitpunkt fällt (H.G.B. 257, B.G.B. 188). Ueber die Berechnung der Frist bei mehrmaliger Bekanntmachung Parisius u. Crüger 335, die Frist beginnt mit der letzten Einrückung.

[3] Zu beachten ist hier das „soll“ — nicht „muß“ und die verschiedene Frist. Die Tagesordnung braucht nicht gleichzeitig mit der Berufung bekannt gemacht zu werden. Die Bekanntgabe muß erkennen lassen den Gegenstand der Beschlußfassung. Das Statut wird die obligatorische Frist für die Bekanntmachung der Beratungsgegenstände kürzer setzen müssen, als die Frist für die Berufung, damit den Genossen die Möglichkeit gewahrt bleibt, noch rechtzeitig Anträge zu stellen.

§. 47.

Die Beschlüsse der Generalversammlung sind in ein Protokollbuch einzutragen, dessen Einsicht jedem Genossen und der Staatsbehörde[1] gestattet werden muß.[2]

Gz. 33 Abs. 2, Entw. I u. II, Komm. 44, Rtg. 45. Begr. I 125, II 83, Komm.Ber. 24.

[1] „Staatsbehörde“ 161.

[2] Ordnungsstrafen 160. Regelmäßiges Aufsichtsrecht folgt hieraus nicht. Das Zwangsrecht des Registerrichters soll sich, nach einer Erklärung in der Komm. (Komm.Ber. 24) auch auf die Eintragung der Beschlüsse in das Protokollbuch beziehen. Bei dem wörtlich wiederholten 33 Gz. war dies nicht beabsichtigt (Parisius Gz. 394.)

§. 48.

Die Generalversammlung hat über die Genehmigung der Bilanz zu beschließen und von dem Gewinn oder Verlust den auf die Genossen fallenden Betrag festzusetzen.[1]

Die Bilanz, sowie eine den Gewinn und Verlust

des Jahres[2] zusammenstellende Berechnung (Jahresrechnung) sollen mindestens eine Woche vor der Versammlung in dem Geschäftslokale der Genossenschaft oder an einer anderen, durch den Vorstand bekannt zu machenden, geeigneten Stelle zur Einsicht der Genossen ausgelegt oder sonst denselben zur Kenntniß gebracht werden. Jeder Genosse ist berechtigt, auf seine Kosten eine Abschrift der Bilanz, sowie der Jahresrechnung zu verlangen.[3]

Gz. 10, Entw. I u. II, Komm. 45, Rtg. 46. Begr. I 124, II 83, Komm.Ber. 24.

[1] 19. Der Vorstand ist befugt, auf Erteilung der Entlastung zu klagen. Wird die Verhandlung über die Bilanz vertagt, so kann über die Entlastung nicht beschlossen werden, vgl. R.G. Bd. 44 S. 66. In der Genehmigung der Bilanz soll die Entlastung liegen (Jur. Wochenschrift 1898 S. 609) — sehr zweifelhaft. Es ist zu unterscheiden: Entlastung, Genehmigung der Bilanz, Gewinn- oder Verlustverteilung.

Betreffs Verwendung des Reingewinns ist 81 zu berücksichtigen: die sozialpolitischen Aufgaben dürfen bei der Beurteilung der Zulässigkeit der Verwendung nicht unberücksichtigt bleiben (Parisius u. Crüger 341). Ueber Abschlagsdividende vgl. Parisius u. Crüger 345. Die Berichtigung materiell unrichtiger Bilanzen ist nicht an die Frist von 51 gebunden.

[2] d. h. Geschäftsperiode.

[3] Ordnungsstrafen 160. Vgl. Begr. II 83 u. Komm.Ber. 24. Das Recht bezieht sich auf die Zeit vor Genehmigung der Bilanz.

§. 49.

Die Generalversammlung hat festzusetzen:[1]

1. den Gesammtbetrag,[2] welchen Anleihen der Genossenschaft und Spareinlagen bei derselben nicht überschreiten sollen;

2. die Grenzen, welche bei Kreditgewährungen an Genossen eingehalten werden sollen.[3]

Entw. I u. II, Komm. 46, Rtg. 47. Begr. I 125, II 84, Komm.-Ber. 24.

[1] 49 entspricht einem Vorschlage Schulze-Delitzschs (Mat. S. 47) und bezieht sich auf alle Arten E.G. (Begr. II 84).

[2] Es muß eine bestimmte Summe sein; über die Berücksichtigung der Giroverbindlichkeiten bei Festsetzung der Grenze vgl. Mitt. über Allg. Gen.-Tg. Breslau S. 312.

[3] Ueberschreitung der Grenzen ist ohne Einfluß auf die Gültigkeit der einzelnen Geschäfte. — Die Belastung eines Genossen durch Uebernahme einer Bürgschaft gilt nicht als Kreditentnahme, bleibt daher unberücksichtigt. Für die verschiedenen Arten der Kreditgewährung können verschiedene Grenzen festgesetzt werden, gleichzeitig muß aber auch für die Gesamtkreditgewährung eine Grenze gezogen sein.

§. 50.

Soweit das Statut die Genossen zu Einzahlungen auf den Geschäftsantheil verpflichtet, ohne dieselben nach Betrag und Zeit festzusetzen, unterliegt ihre Festsetzung der Beschlußfassung durch die Generalversammlung.[1]

Komm. 46a, Rtg. 48.

[1] Neu. Vgl. 7 Ziffer 2.

§. 51.

Ein Beschluß der Generalversammlung kann wegen Verletzung des Gesetzes oder des Statuts im Wege der Klage[1] angefochten werden. Die Klage muß binnen einem Monat erhoben werden.

Zur Anfechtung befugt ist jeder in der Generalversammlung erschienene Genosse, sofern er gegen den Beschluß Widerspruch zum Protokoll erklärt hat,[2] und jeder nicht erschienene Genosse, sofern er zu der Generalversammlung unberechtigter Weise nicht zugelassen worden ist oder sofern er die Anfechtung darauf gründet, daß die Berufung der Versammlung oder die Ankündigung des Gegenstandes der Beschlußfassung nicht gehörig erfolgt sei. Außerdem ist der Vorstand und, wenn der Beschluß eine Maßregel zum Gegenstande hat, durch deren Ausführung sich die Mitglieder[3] des Vorstandes und des Aufsichtsraths strafbar oder den Gläubigern der Genossenschaft haftbar machen würden, jedes Mitglied des Vorstandes und des Aufsichtsraths zur Anfechtung befugt.

Die Klage ist gegen die Genossenschaft zu richten. Die Genossenschaft wird durch den Vorstand, sofern dieser nicht selbst klagt,[4] und durch den Aufsichtsrath vertreten. Zuständig für die Klage ist ausschließlich das Landgericht, in dessen Bezirke die Genossenschaft ihren Sitz hat. Die mündliche Verhandlung erfolgt nicht vor Ablauf der im ersten Absatz bezeichneten Frist. Mehrere Anfechtungsprozesse sind zur gleichzeitigen Verhandlung und Entscheidung zu verbinden.

Die Erhebung der Klage sowie der Termin zur mündlichen Verhandlung sind ohne Verzug von dem Vorstande in den für die Bekanntmachungen der Genossenschaft bestimmten Blättern zu veröffentlichen.

Soweit durch ein Urtheil rechtskräftig der Beschluß für nichtig erklärt ist, wirkt es auch gegenüber den Genossen, welche nicht Partei sind. War der Beschluß in das Genossenschaftsregister eingetragen, so hat der Vorstand dem Gerichte (§. 10) das Urtheil behufs der Eintragung einzureichen. Die öffentliche Bekanntmachung der letzteren erfolgt, soweit der eingetragene Beschluß veröffentlicht war.[5]

Entw. I u. II, Komm. 47, Rtg. 49, Einf.Ges. z. H.G.B. Art. 10 V u. VI, Begr. I 126, II 84, Komm.Ber. 24, A.B. 7.

[1] nicht im Wege der Einrede. Die Anfechtung hat ihre Grenze in der Einflußlosigkeit der Verletzung des Gesetzes und des Statuts (Parisius u. Crüger 351). Es handelt sich um Individualrechte der Genossen, wodurch der Kreis der Anfechtungsklage bestimmt wird. Eine Heilung von Mängeln ist nur ausgeschlossen, wenn eine Maßregel getroffen wird, die nach dem Gesetz keine Rechtswirksamkeit haben kann. Vgl. ferner Frw.Ger. 147. Ein nichtiger Beschluß kann die Anfechtung auch noch anderer Beschlüsse begründen, wenn alle ein einheitliches Ganzes bilden.

[2] Der Erklärung steht es gleich, wenn die Aufnahme in das Protokoll verweigert oder das Mitglied an der Ausübung seines Rechts behindert ist. (R.G. 53 S. 293.)

[3] Ist durch Einf.Ges. z. H.G.B. eingefügt.

[4] dann Vertretung der Genossenschaft durch den Aufsichtsrat 37. Ueber Zustellung R.G. Bd. 14 S. 142. Der Beschluß aber besteht, so lange er nicht für ungültig erklärt ist; handelt es sich z. B. um die Anfechtung eines Beschlusses, betr. Wahl von Aufsichtsratsmitgliedern, so ist für die Vertretung zuständig der neue Aufsichtsrat, dessen Wahl angefochten wird.

[5] Zweigniederlassung 157. Ordnungsstrafe 160.

§. 52.

Für einen durch unbegründete Anfechtung des Beschlusses der Genossenschaft entstandenen Schaden haften ihr solidarisch die Kläger, welchen bei Erhebung der Klage eine bösliche Handlungsweise zur Last fällt.

Entw. I u. II, Komm. 48, Rtg. 50. Begr. I 126, II 84.

Vierter Abschnitt.

Revision.

Vorbemerkung.

Ueber die Entstehung dieses neuen Abschnittes (53 bis 64) siehe Einleitung. Vgl. Begr. II 47 bis 50, 85 bis 89, Komm.-Ber. 25 bis 38, Parisius u. Crüger 52, 356 ff., F.B. 122 ff.

§. 53.

Die Einrichtungen der Genossenschaft und die Geschäftsführung derselben in allen Zweigen der Verwaltung[1] sind mindestens in jedem zweiten Jahre[2] der Prüfung durch einen der Genossenschaft nicht angehörigen, sachverständigen Revisor[3] zu unterwerfen.[4]

Entw. I u. II, Komm. 49, Rtg. 51. Begr. I 127, II 85, Komm.-Ber. 30.

[1] „Die periodische Revision" (Begr. II 85) „darf sich keineswegs auf eine bloß kalkulatorische Kontrolle der Bilanzen und Geschäftsbücher der Genossenschaft beschränken . . . . die Untersuchung des Revisors muß sich wesentlich auf die materielle Seite der Geschäftsführung und die hierbei befolgten Grundsätze, sowie auf das Funktionieren der Genossenschaftsorgane und die sonstigen Einrichtungen der Genossenschaft richten." Dem Wesen dieser Revision entsprechend wird sich der Revisor zur Revision bei der Genossenschaft anmelden. Die kalkulatorische Prüfung und die Prüfung der Sicherheiten auf ihren Wert bleibt Aufgabe des Aufsichtsrats; die Sicherheit zu prüfen ist der Revisor in der Regel nicht imstande, auf die kalkulatorische Prüfung erstreckt sich seine Aufgabe, wenn Anzeichen für Unregelmäßigkeiten vorliegen. Seine Aufgabe ist, zu prüfen, ob der Aufsichtsrat seine Kontrolltätigkeit ordnungsmäßig ausübt. Die gesetzliche Revision hat einen wesentlich instruktionellen Charakter.

[2] Zu häufigeren als zweijährigen Revisionen kann die G. nicht gezwungen werden. Die Frist läuft zunächst von der Ein-

tragung der Genossenschaft ab, dann von Revision zu Revision; natürlich kann das Gericht kurze Nachfrist bewilligen.

[3] Sachverständig ist der Revisor, der kaufmännisch (wenigstens rechnerisch) und genossenschaftlich geschult ist.

[4] Strafvorschrift 61 Abs. 2, 63 Abs. 2, 160.

§. 54.

Für Genossenschaften, welche einem den nachfolgenden Anforderungen genügenden Verbande angehören, ist diesem das Recht zu verleihen, den Revisor zu bestellen.[1]

Entw. I u. II, Komm. 50, Rtg. 52. Begr. I 128, II 86, Komm.-Ber. 31.

[1] Der Verband ist dann in der Bestellung unbeschränkt. Ein staatliches Aufsichtsrecht stände im Widerspruch mit der Tendenz des Gesetzes und insbesondere diesen Bestimmungen. Der Revisions-Verband kann sich nicht als eingetragene Genossenschaft konstituieren (60 Ziffer 1 Parisius u. Crüger 364). Die Rechtsverhältnisse des Verbandes regeln sich im Uebrigen nach dem B.G.B., entweder ist er „eingetragener Verein" (B.G.B. 55 ff.) oder untersteht den Bestimmungen über Gesellschaften (B.G.B. 705 ff.). Durch staatliche Verleihung kann ihm Rechtspersönlichkeit nicht verliehen werden (B.G.B. 21, 22).

§. 55.

Der Verband muß die Revision der ihm angehörigen Genossenschaften und kann auch sonst die gemeinsame Wahrnehmung ihrer im §. 1 bezeichneten Interessen, insbesondere die Unterhaltung gegenseitiger Geschäftsbeziehungen zum Zweck haben. Andere Zwecke darf er nicht verfolgen.[1]

Entw. I 51, Entw. II, Komm. 51, Rtg. 53. Begr. I 129, II 86.

[1] Entw. I hatte noch die Bestimmung, daß der Verband mindestens 10 und höchstens 200 Genossenschaften umfassen mußte. Im Entw. II ist dies fortgefallen, dafür im § 56 die Bestimmung,

daß die höchste und die geringste Zahl der Genossenschaften durch das Statut festzustellen, Begr. I 129, II 86. — Ueber die Rechtsform 54 Anm. — In dem Zweck unterliegen die Verbände den gleichen Beschränkungen wie die Genossenschaft. Hat sich der Verband als eingetragener Verein konstituiert, kann er keine wirtschaftlichen Zwecke verfolgen. (B.G.B. 55 ff.)

§. 56.

Die Zwecke des Verbandes müssen in dem Statut desselben angegeben sein. Der Inhalt des Statuts muß erkennen lassen, daß der Verband im Stande ist, der Revisionspflicht zu genügen[1]. Das Statut hat insbesondere den Verbandsbezirk sowie die höchste und die geringste Zahl von Genossenschaften, welche der Verband umfassen kann, festzusetzen und die Bestimmungen über Auswahl und Bestellung der Revisoren, Art und Umfang der Revisionen, sowie über Bildung, Sitz und Befugnisse des Vorstandes und über die sonstigen Organe des Verbandes zu enthalten.

Entw. I, II, Komm. 52, Rtg. 54. Begr. I 130, II 86, Komm.-Ber. 31.

[1] Nach dem Statut dürfen nicht Tatsachen vorliegen, welche es als zweifelhaft erscheinen lassen, daß eine ausreichende Revisions-Kontrolle durch den Verband geübt werden kann.

§. 57.

Die Verleihung des Rechts zur Bestellung des Revisors erfolgt, wenn der Bezirk des Verbandes sich über mehrere Bundesstaaten erstreckt, durch den Bundesrath, anderenfalls durch die Zentralbehörde des Bundesstaates.[1]

Aenderungen des Verbandsstatuts sind der nach Absatz 1 zuständigen Stelle einzureichen.[2]

Entw. I, II, Komm. 53, Rtg. 55. Begr. I 130, II 87, Komm.-Ber. 31.

[1] Nach Entw. I sollte diese Verleihung stets durch den Bundesrat erfolgen. Im Bundesrat ward dies geändert, Begr. I 130, II 86 u. Komm.Ber. 31. Wird der Bezirk erst später auf mehrere Bundesstaaten erstreckt, so tritt die Zuständigkeit des Bundesrats ein.

[2] Genehmigung der Statutenänderung hat nicht zu erfolgen.

§. 58.

Der Verbandsvorstand hat das Statut mit einer beglaubigten Abschrift[1] der Verleihungsurkunde, sowie alljährlich im Monat Januar ein Verzeichniß der dem Verbande angehörigen Genossenschaften den Gerichten (§. 10), in deren Bezirke diese ihren Sitz haben,[2] sowie der höheren Verwaltungsbehörde, in deren Bezirke der Vorstand seinen Sitz hat, einzureichen.

Entw. I, Entw. II, Komm. 54, Rtg. 56. Begr. I 130, II 87, A.B. 8.

[1] Beglaubigung „durch eine zuständige Behörde oder einen zuständigen Beamten" genügt, A.B. 8 Abs. 2.

[2] Nur den Gerichten, welche mit der Führung der Genossenschaftsregister betraut sind. Das Kammergericht (Johow, Bd. 22 S. 117) hat entschieden, daß das Verzeichnis nur die im Gerichtsbezirk gelegenen Genossenschaften zu umfassen hat.

§. 59.[1]

Generalversammlungen des Verbandes dürfen nur innerhalb des Verbandsbezirks abgehalten werden.

Sie sind der höheren Verwaltungsbehörde, in deren Bezirke der Vorstand seinen Sitz hat, sowie der höheren Verwaltungsbehörde, in deren Bezirke die Versammlung abgehalten werden soll, unter Einreichung der Tagesordnung mindestens eine Woche vorher anzuzeigen.

Der letzteren Behörde steht das Recht zu, in die Versammlung einen Vertreter zu entsenden.

Entw. II, Komm. 55, Rtg. 57. Begr. II 87, Komm.Ber. 32.

[1] Dieser Paragraph fehlte im ersten Entwurf. Der Bundesrat hatte in einem § 57 Bestimmungen vorgeschlagen, welche, genau entsprechend dem § 104e (Gesetz v. 18. Juli 1881) der Reichsgewerbeordnung, ebenso wie dort die Vorstände und die Vertreter der Innungsverbände, auch die Versammlungen des Vorstandes und die Generalversammlungen der Genossenschaftsverbände unter polizeiliche Aufsicht stellen und den höheren Verwaltungsbehörden sogar das Recht verlieh, Versammlungen zu untersagen und zu schließen. Die Kommission und das Plenum haben davon vieles gestrichen, Begr. II 87, Komm.Ber. 32. Strafvorschrift 150.

§. 60.

Das Recht zur Bestellung des Revisors kann dem Verbande entzogen werden,[1]

1. wenn er sich gesetzwidriger Handlungen schuldig macht, durch welche das Gemeinwohl gefährdet wird, oder wenn er andere als die im §. 55 bezeichneten Zwecke[2] verfolgt;
2. wenn der Verband der ihm obliegenden Pflicht der Revision nicht genügt.[3]

Die Entziehung wird nach Anhörung des Verbandsvorstandes durch die für die Verleihung zuständige Stelle ausgesprochen.[4]

Von der Entziehung ist den im §. 58 bezeichneten Gerichten Mittheilung zu machen.

Entw. I 55, II, Komm. 56, Rtg. 58. Begr. I 130, II 87, Komm.Ber. 33.

[1] Vgl. 57. — [2] Vgl. 55. — [3] Vgl. 53. — [4] Vgl. 55.

§. 61.

Für Genossenschaften, welche einem Revisionsverbande (§§. 55 bis 57) nicht angehören, wird der Revisor durch das Gericht (§. 10) bestellt.

Der Vorstand der Genossenschaft hat die Bestellung zu beantragen.[1]

Die Bestellung erfolgt, nachdem die höhere Verwaltungsbehörde über die Person des Revisors gehört ist. Erklärt die Behörde sich mit einer von der Genossenschaft vorgeschlagenen Person einverstanden, so ist diese zum Revisor zu bestellen.[2]

Entw. I 56, Entw. II, Komm. 57, Rtg. 59. Begr. I 131, II 87, Komm.Ber. 24.

[1] Ordnungsstrafe bei Versäumniß 160. Das Recht des Gerichts beschränkt sich auf die Ordnungsstrafen, es kann ohne Antrag der Genossenschaft keinen Revisor bestellen. Ueber die Qualifikation des Revisors Parisius u. Crüger 379.

[2] Der letzte Absatz ist in Entw. II hinzugefügt. Vgl. Begr. I 131, II 87, Komm.Ber. 34 bis 36. Ueber das Verfahren vgl. Frw. Ger. 149.

§. 62.

Der Revisor hat gegen die Genossenschaft Anspruch auf Erstattung angemessener baarer Auslagen und auf Vergütung für seine Leistung nach Maßgabe der erforderlichen Zeitversäumniß.

Dem vom Gerichte bestellten Revisor werden in Ermangelung einer Einigung die Auslagen und die Vergütung durch das Gericht festgesetzt. Die Vorschriften im §. 104 Absatz 2, §. 105, §. 794 Nr. 3 der Civilprozeßordnung finden Anwendung.[1]

Entw. I 57, II 58, Komm. 58, Rtg. 60. Begr. I 131, II 88 Komm.Ber. 36.

[1] Den letzten Satz hat die Kommission des Reichstags vorgeschlagen, um klar zu stellen, „daß zur Bezahlung der dem Revisor zustehenden Gebührnisse die Genossenschaft, nicht aber die Staatskasse verpflichtet ist, und daß wegen Einziehung dieser Gebührnisse nicht der Weg der Klage stattfindet, sondern daß die Bestimmungen der Z.P.O. über die Geltendmachung von Ansprüchen auf Erstattung der Prozeßkosten Anwendung zu finden haben."

§. 63.

Der Vorstand der Genossenschaft[1] hat dem Revisor die Einsicht der Bücher und Schriften der Genossenschaft und die Untersuchung des Bestandes der Genossenschaftskasse, sowie der Bestände an Effekten, Handelspapieren und Waaren zu gestatten. Zu der Revision ist der Aufsichtsrath zuzuziehen.[2]

Der Vorstand hat eine Bescheinigung des Revisors, daß die Revision stattgefunden hat, zum Genossenschaftsregister einzureichen[3] und den Bericht über die Revision bei der Berufung der nächsten Generalversammlung als Gegenstand der Beschlußfassung anzukündigen.[4] In der Generalversammlung hat der Aufsichtsrath sich über das Ergebniß der Revision zu erklären.[5]

Der von einem Verbande bestellte Revisor hat eine Abschrift des Revisionsberichts dem Verbandsvorstande einzureichen.

Entw. I 58, II 59, Komm. 59, Rtg. 61. Begr. I 132, II 88, Komm.Ber. 36.

[1] Ordnungsstrafe 160.

[2] Nicht notwendig ist, daß der ganze Aufsichtsrat der Revision beiwohnt, er muß aber vertreten sein.

[3] Auch zur Zweigniederlassung 157. Das Gericht hat nicht zu prüfen, ob der Bescheinigende tatsächlich Revisor des Verbandes ist. Der Vorstand haftet nach 147. Strafvorschrift 160.

[4] Strafvorschrift 160. Nach den Ausführungen der Regierungsvertreter in der Kommission kann auf Antrag einzelner Genossen oder auf Vorschlag des Vorstandes die Generalversammlung beschließen, wie mit dem Bericht zu verfahren sei, keinesfalls hat ein einzelnes Mitglied das Recht der Einsicht oder der Mitteilung des Berichts usw. (Komm.Ber. 36 bis 38, Begr. II 88.)

[5] „Erklären über das Ergebnis" soll sich der Aufsichtsrat, eine Verlesung des Revisions-Protokolls genügt nicht. Strafvorschrift 147.

§. 64.

Der Reichskanzler ist ermächtigt, allgemeine Anweisungen[1] zu erlassen, nach welchen die Revisionsberichte anzufertigen sind.

Entw. I 59, II, Komm. 60, Rtg. 62. Begr. I 133, II 88.

[1] Sind bisher nicht ergangen. Vgl. den Preußischen Ministerial-Erlaß vom 24. Mai 1897, Parisius u. Crüger 386 ff.

Fünfter Abschnitt.

Ausscheiden einzelner Genossen.

Vorbemerkung.

Das Ausscheiden erfolgt a) durch Aufkündigung, 65, 66, b) durch Ausschluß, 68, c) durch Tod, 77, d) durch Verlegung des Wohnsitzes, falls dies im Statut vorgeschrieben ist, 67, e) durch Uebertragung des Geschäftsguthabens, 76. Das Ausscheiden erfolgt mit Ausnahme zu c stets zum Schlusse des Geschäftsjahrs. Das Ausscheiden ist mit Ausnahme des Falls zu c bedingt durch die Eintragung. Die Fälle a, b, d und e sind die materiellen Gründe für Beendigung der Mitgliedschaft. Die Eintragung ist anfechtbar, sie schafft nicht Recht. Vgl. Begr. II 89 bis 91. Statutarische Festsetzung anderer Gründe des Ausscheidens ist unzulässig. Entsch. des Kammergerichts v. 12. Jan. 1892. (Johow 11 S. 48.)

§. 65.

Jeder Genosse hat das Recht, mittelst Aufkündigung seinen Austritt aus der Genossenschaft zu erklären.[1]

Die Aufkündigung findet nur zum Schlusse eines Geschäftsjahres statt.[2] Sie muß mindestens drei Monate vorher schriftlich erfolgen. Durch das Statut kann eine längere, jedoch höchstens zweijährige Kündigungsfrist festgesetzt werden.

Ein den vorstehenden Bestimmungen zuwiderlaufendes Abkommen ist ohne rechtliche Wirkung.[3]

Gz. 38 Abs. 1 u. 2, Entw. I 60, II, Komm. 61, Rtg. 63. Begr. I 137, II 87.

[1] Auch wenn die Genossenschaft auf bestimmte Zeit beschränkt ist. Ehefrauen können beim Verwaltungsrecht des Mannes nur mit dessen Genehmigung kündigen (B.G.B. 1395). Während des Konkurses eines Mitgliedes geht das Kündigungsrecht auf den Konkursverwalter über (Parisius u. Crüger 392). Unzulässig ist ein Austrittsgeld oder Beitrag zu einem Amortisationsfonds (a. a. O. 394 R.G. 42 S. 79). Kündigung durch Bevollmächtigte Johow 27 A 67. Kündigung kann, so lange sie nicht eingetragen, durch Einverständnis zwischen Mitglied und Genossenschaft zurückgenommen werden, R.G. Bd. 49 S. 29 läßt Rücknahme der Kündigung auch dann noch zu, wenn die Eintragung bereits erfolgt ist (a. A. Parisius u. Crüger 393).

[2] § 114 des Gesetzes von 1889 ist durch Gesetz vom 12. August 1896 aufgehoben (a. a. O. 406). Als Tag der Kündigung gilt der Eingang derselben bei der Genossenschaft (Johow Bd. 23 S. 114).

[3] Vgl. 18.

§. 66.

Der Gläubiger eines Genossen, welcher, nachdem innerhalb der letzten sechs Monate eine Zwangsvollstreckung in das Vermögen des Genossen fruchtlos versucht ist,[1] die

Pfändung[2] und Ueberweisung des demselben bei der Auseinandersetzung mit der Genossenschaft zukommenden Guthabens erwirkt hat, kann behufs seiner Befriedigung das Kündigungsrecht des Genossen an dessen Stelle ausüben, sofern der Schuldtitel nicht blos vorläufig vollstreckbar ist.

Der Aufkündigung muß eine beglaubigte[3] Abschrift des Schuldtitels und der Urkunden über die fruchtlose Zwangsvollstreckung beigefügt sein.

Gz. 16, Entw. I 61, II 62, Komm. 62, Rtg. 64. Begr. I 138, II 92, Komm.Ber. 38, A.B. 8, 31.

[1] Gläubiger kann auch die Genossenschaft sein, die dann die gleichen Rechte hat, doch wird für solche Fälle das Statut wohl den einfacheren Weg des Ausschlusses zulassen. Der fruchtlose Versuch einer Zwangsvollstreckung braucht nicht vom kündigenden Gläubiger gemacht zu sein (Begr. II 92), er muß der Pfändung und Ueberweisung des Geschäftsguthabens vorausgegangen sein.

[2] Eine Pfändung auf Grund solchen Titels ist statthaft, vgl. 22, Begr. II 93.

[3] Beglaubigung durch einen zuständigen Beamten oder eine zuständige Behörde genügt, A.B. 8 Abs. 2.

§. 67.

Ist durch das Statut die Mitgliedschaft an den Wohnsitz innerhalb eines bestimmten Bezirks[1] geknüpft (§. 8 Nr. 2), so kann ein Genosse, welcher den Wohnsitz in dem Bezirke aufgiebt, zum Schlusse des Geschäftsjahres seinen Austritt schriftlich erklären.[2]

Imgleichen kann die Genossenschaft dem Genossen schriftlich erklären, daß er zum Schlusse des Geschäftsjahres auszuscheiden habe.[3] [4]

Ueber die Aufgabe des Wohnsitzes ist die Bescheinigung einer öffentlichen Behörde beizubringen.

Entw. I 62, II 63, Komm. 63, Rtg. 65. Begr. I 83, 140, II 57, 93, A.B. 31.

[1] Unter „Bezirk" sind hier kleinere Gebiete (Gemeinde, Pfarrei) zu verstehen (Begr. II 56, 93, Komm.Ber. 7).

[2] Ohne Kündigungsfrist.

[3] 69 Abs. 2, 70.

[4] Verlegung des Wohnsitzes kann auch im Statut ganz allgemein als Ausschließungsgrund aufgeführt werden, 68.

§. 68.

Ein Genosse kann wegen des Verlustes der bürgerlichen Ehrenrechte, sowie wegen der Mitgliedschaft in einer anderen Genossenschaft, welche an demselben Orte ein gleichartiges Geschäft betreibt,[1] zum Schlusse des Geschäftsjahres aus der Genossenschaft ausgeschlossen werden.[2] Aus Vorschuß- und Kreditvereinen kann die Ausschließung wegen der Mitgliedschaft in einer anderen solchen Genossenschaft auch dann erfolgen, wenn die letztere ihr Geschäft nicht an demselben Orte betreibt.

Durch das Statut können sonstige Gründe der Ausschließung festgesetzt werden.[3]

Der Beschluß, durch welchen der Genosse ausgeschlossen wird, ist diesem von dem Vorstande ohne Verzug mittelst eingeschriebenen Briefes mitzutheilen.[4]

Von dem Zeitpunkte der Absendung desselben kann der Genosse nicht mehr an der Generalversammlung theilnehmen, auch nicht Mitglied des Vorstandes oder des Aufsichtsraths sein.[5]

Gz. 38 Abs. 3, Entw. I 63, II 64, Komm. 64, Rtg. 66. Begr. I 149, II 93, Komm.Ber. 39, A.B. 31.

1 Uebergangsbestimmung 159.

2 Von welchem Organ, ist dem Statut überlassen. Beim Fehlen einer solchen Bestimmung durch den Vorstand als den gesetzlichen Vertreter Begr. II 99. Ist im Statut Anfechtung des Beschlusses bei der Generalversammlung vorgesehen, so hält Anfechtung die Eintragung nicht auf (Johow Bd. 15 S. 59); hebt die Generalversammlung den Beschluß auf, so kann die Wiederherstellung des früheren Zustandes in die Liste der Genossen nur eingetragen werden, nachdem die Unwirksamkeit der Löschung durch übereinstimmende Erklärung der beteiligten Genossen und des Vorstandes in beglaubigter Form anerkannt oder durch rechtskräftiges Urteil festgestellt ist (Johow Bd. 15 S. 59). Der Ausschluß kann im Wege der Klage angefochten werden. Das R.G. (Bd. 57 S. 154) hat entschieden, daß das Gericht auch die materiellen Ausschließungsgründe nachzuprüfen hat.

3 Ausschluß eines Genossen darf nur aus den im Gesetz und im Statut vorgesehenen Gründen stattfinden. (Johow Bd. 11 S. 48.)

4 Auch dann, wenn der Wohnsitz nicht bekannt ist, in solchem Falle an den letzten bekannten Wohnsitz. Beschluß ist im Wege der Klage (nicht Klage 51) anfechtbar.

5 Wird der Brief sofort nach dem Beschlusse während der Generalversammlung abgesendet, so kann der ausgeschlossene Genosse noch aus derselben entfernt werden. Auch das Recht, Anträge zu stellen, oder sich an der Stellung von Anträgen zu beteiligen, hat ein Ausgeschlossener wohl verloren.

§. 69.

Der Vorstand ist verpflichtet, die Aufkündigung des Genossen oder des Gläubigers mindestens sechs Wochen vor dem Ende des Geschäftsjahres, zu dessen Schlusse sie stattgefunden hat, dem Gerichte[1] (§. 10) zur Liste der Genossen einzureichen. Er hat zugleich die schriftliche

Versicherung abzugeben, daß die Aufkündigung rechtzeitig erfolgt ist. Der Aufkündigung des Gläubigers sind die im §. 66 Absatz 2 bezeichneten Urkunden, sowie eine beglaubigte Abschrift des Pfändungs- und Ueberweisungsbeschlusses beizufügen.[2]

Imgleichen hat der Vorstand im Falle des §. 67 mit der Bescheinigung die Erklärung des Genossen oder Abschrift der Erklärung der Genossenschaft, sowie im Falle der Ausschließung Abschrift des Beschlusses dem Gerichte einzureichen.[3] Die Einreichung ist bis zu dem im ersten Absatz bezeichneten Zeitpunkte und, wenn die Erklärung oder der Beschluß später erfolgt, ohne Verzug zu bewirken.

Entw. I 64 u. II 65, Komm. 65, Rtg. 67. Begr. I 140, II 97, A.V. 7, 8, 31, 32.

[1] 158, Zweigniederlassung.

[2] Durch Versäumnis macht sich der Vorstand dem Mitgliede verantwortlich; dasselbe bleibt Mitglied trotz Kündigung oder Ausschluß, wenn nicht die Eintragung erfolgt ist (§ 70 Abs. 2). Dem Mitgliede steht auch der Genossenschaft gegenüber bei Inanspruchnahme aus den Mitgliedschaftspflichten nicht die der exceptio doli zu.

[3] Nähere Bestimmungen über die beizubringenden Urkunden in A.V. 31, vgl. F.V. 56 ff. — Kammergericht 12. 3. 1900, Bl.f.G. 1900 S. 222 verlangt vollständige Abschrift des protokollarischen Beschlusses über Ausschluß.

§. 70.

In die Liste ist die das Ausscheiden des Genossen begründende Thatsache und der aus den Urkunden hervorgehende Jahresschluß unverzüglich einzutragen.[1]

In Folge der Eintragung scheidet der Genosse mit dem in der Liste vermerkten Jahresschlusse,[2] wenn jedoch die Eintragung erst im Laufe eines späteren Geschäftsjahres bewirkt wird, mit dem Schlusse des letzteren aus der Genossenschaft aus.

Entw. I 65, Entw. II, Komm. 66, Rtg. 68. Begr. I 143, II 94, A.B. 7.

[1] Nachträgliche Eintragung mit Zurückbeziehung ihrer Wirkung auf einen früheren Zeitpunkt ist nicht zugelassen. Die Eintragung allein bestimmt das Erlöschen der Mitgliedschaft und den Zeitpunkt desselben. Die Prüfung hat sich nur darauf zu erstrecken, daß die Urkunden vorschriftsmäßig und vollständig vorliegen, nicht aber auf die Richtigkeit und Rechtmäßigkeit der einzutragenden Tatsachen Begr. II 95. Rechtsprechung der O.L.G. Bd. 4 S. 309. Vgl. über Prüfungsrecht des Richters und Anfechtung der Eintragung A.B. 32 Abs. 5. Haftpflicht des Richters B.G.B. 839, des Staates Einf.Ges. z. B.G.B. 77.

[2] Schluß des Geschäftsjahres. Anfechtung der Eintragung, weil das Ausscheiden nicht rechtmäßig erfolgt sei (Begr. I 144, II 96, Johow Bd. 11 S. 48): Durch die Eintragung des Ausscheidens erlischt die Mitgliedschaft ungeachtet des Mangels der gesetzlichen Voraussetzungen.

§. 71.

Auf Antrag des Genossen, im Falle des §. 66 auf Antrag des Gläubigers, hat das Gericht die Thatsache,[1] auf Grund deren das Ausscheiden, und den Jahresschluß, zu welchem dasselbe beansprucht wird, ohne Verzug in der Liste vorzumerken.[2]

Erkennt der Vorstand den Anspruch in beglaubigter Form an oder wird er zur Anerkennung rechtskräftig verurtheilt, so ist dies bei Einreichung des Anerkenntnisses oder Urtheils der Vormerkung hinzuzufügen. In

Folge dessen gilt der Austritt oder die Ausschließung als am Tage der Vormerkung eingetragen.[3]

Entw. I 66, II 67, Komm. 67, Rtg. 69. Begr. I 146, II 97, A.V. 35, 10, 7, 8.

[1] Gilt auch für den Fall des Ausschlusses.

[2] Vormerkung des Ausscheidens in der Liste zuerst im preußischen Gesetz, betreffend die Bildung von Wassergenossenschaften, vom 1. April 1879 § 29. Vgl. F.V. 68. Beglaubigung A.V. 8 Abs. 1.

[3] Ueber Rechtsmittel Frw.Ger. 19; vgl. Begr. II 97. Eintragung A.V. 24, 36.

§. 72.

Von der Eintragung, sowie der Vormerkung oder von deren Versagung hat das Gericht den Vorstand und den Genossen, im Falle des §. 66 auch den Gläubiger, zu benachrichtigen.[1]

Die behufs der Eintragung oder der Vormerkung eingereichten Urkunden bleiben in der Verwahrung des Gerichts.

Entw. I 67, Entw. II 68, Komm. 68, Rtg. 70. Begr. I 147, II 98, A.V. 3.

[1] 15 Anm. 4. Verzicht auf die Benachrichtigung ist unzulässig.

§. 73.

Die Auseinandersetzung des Ausgeschiedenen mit der Genossenschaft bestimmt sich nach der Vermögenslage derselben und dem Bestande der Mitglieder zur Zeit seines Ausscheidens.[1]

Die Auseinandersetzung erfolgt auf Grund der Bilanz.[2] Das Geschäftsguthaben des Genossen ist binnen sechs Monaten nach dem Ausscheiden auszuzahlen;[3] an den Reservefonds und das sonstige Vermögen der Genossenschaft hat er keinen Anspruch. Reicht das Vermögen einschließlich des Reservefonds und aller Geschäftsguthaben zur Deckung der Schulden nicht aus, so hat der Ausgeschiedene von dem Fehlbetrage den ihn treffenden Antheil an die Genossenschaft zu zahlen;[4] der Antheil wird in Ermangelung einer anderen Bestimmung des Statuts nach der Kopfzahl der Mitglieder berechnet.

Gz. 30 Abs. 2, Entw. I 68, Entw. II 69. Komm. 69, Rtg. 71. Begr. I 147, II 98.

[1] Austrittsgeld, Erhebung von Beiträgen ausscheidender Mitglieder zu einem Amortisationsfonds vgl. 65 Anm. 1. Ueber die Folgen des Konkurses des Mitgliedes Parisius u. Crüger 415, der Konkurs des Mitgliedes beendigt nicht ohne weiteres die Mitgliedschaft. Zahlung des Geschäftsguthabens beim Mitgliede.

[2] Es ist die Bilanz, die die wirkliche Vermögenslage der Genossenschaft darstellt.

[3] Verjährung 74. Beginn der Verjährung setzt voraus, daß die Genossenschaft zur Zahlung bereit ist.

[4] Ohne Zahlung des Verlustanteils des ausscheidenden Genossen ist eine endgiltige Auseinandersetzung zwischen dem Genossen und der Genossenschaft nicht möglich. Vgl. Parisius u. Crüger 413 über die Folgen der Auseinandersetzung. Verlust des sog. Guthabenbuches hindert nicht die Auszahlung, da dasselbe nur Quittungsschein oder Sammlung von einzelnen Quittungen ist.

§. 74.[1]

Die Klage[2] des ausgeschiedenen Genossen auf Auszahlung des Geschäftsguthabens verjährt in zwei Jahren.[3]

Komm. 69a, Rtg. 72. Komm.Ber. 39.

[1] Zur Beseitigung der praktischen Mißstände, welche die Verpflichtung der Genossenschaft, nicht abgehobene Guthaben ausgeschiedener, namentlich verstorbener Genossen bis zum Ablauf der ordentlichen Verjährung zur Verfügung zu halten, mit sich führt. Komm.Ber. 39.

[2] Nur die Klage verjährt, nicht auch die Einrede z. B. gegen Forderungen der Genossenschaft.

[3] Die Verjährung beginnt mit Ablauf von 6 Monaten seit dem Ausscheiden.

§. 75.

Wird die Genossenschaft binnen sechs Monaten nach dem Ausscheiden des Genossen aufgelöst, so gilt dasselbe als nicht erfolgt.[1]

Gz. 39 Abs. 3, Entw. I 69, II, Komm. 70, Rtg. 73. Begr. I 149, II 99.

[1] Die auf Grund der Auseinandersetzung geleisteten Zahlungen sind zurückzugewähren.

§. 76.[1]

Ein Genosse kann zu jeder Zeit, auch im Laufe des Geschäftsjahres, sein Geschäftsguthaben mittelst schriftlicher Uebereinkunft[2] einem Anderen übertragen und hierdurch aus der Genossenschaft ohne Auseinandersetzung mit ihr austreten, sofern der Erwerber an seiner Stelle Genosse wird oder sofern derselbe schon Genosse ist und dessen bisheriges Guthaben mit dem ihm zuzuschreibenden Betrage den Geschäftsantheil nicht übersteigt. Das Statut kann eine solche Uebertragung ausschließen oder an weitere Voraussetzungen knüpfen.

Der Vorstand hat die Uebereinkunft dem Gerichte (§. 10) ohne Verzug einzureichen und, falls der Erwerber schon Genosse ist, zugleich die schriftliche Versicherung abzugeben, daß dessen bisheriges Guthaben mit dem zuzuschreibenden Betrage den Geschäftsantheil nicht übersteigt.

Die Uebertragung ist in die Liste bei dem veräußernden Genossen unverzüglich einzutragen. Als Zeitpunkt des Ausscheidens gilt der Tag der Eintragung. Dieselbe darf, falls der Erwerber noch nicht Genosse ist, nur zugleich mit der Eintragung des letzteren erfolgen. Die Vorschriften der §§. 15, 71 und 72 finden entsprechende Anwendung.

Wird die Genossenschaft binnen sechs Monaten nach dem Ausscheiden des Genossen aufgelöst, so hat dieser im Falle der Eröffnung des Konkursverfahrens die Nachschüsse, zu deren Zahlung er verpflichtet gewesen sein würde, insoweit zu leisten, als zu derselben der Erwerber unvermögend ist.[3]

Entw. I 70, II 71, Komm. 71, Rtg. 74. Begr. I 151, II 100. Komm.Ber. 40, A.B. 7, 31.

[1] Vgl. Begr. II 100 bis 103, Komm.Ber. 40.

[2] „Schriftliche Uebereinkunft" ist notwendig. Die Uebertragung des Geschäftsguthabens durch Testament, mit der Wirkung, daß der Erwerber Mitglied wird, ist unzulässig. Ist bei Genossenschaften mit beschränkter Haftpflicht der Erwerb mehrerer Geschäftsanteile zugelassen, so ist Geschäftsguthaben im Sinne des § 76 das sich aus der Gesamtbeteiligung des Mitgliedes ergebende Geschäftsguthaben. Uebertragung einzelner Geschäftsanteile ist daher unzulässig (Johow Bd. 15 S. 58), 138. Ueber die Anmeldung 137. Für die Gewinnverteilung (vgl. 19) kommt das Geschäftsguthaben bei der Uebertragung soweit in Betracht, als es am Schlusse des Vorjahres bereits bestand.

[3] Vgl. 73, 75.

§. 77.

Im Falle des Todes eines Genossen gilt dieser mit dem Schlusse des Geschäftsjahres, in welchem der Tod erfolgt ist, als ausgeschieden.[1] Bis zu diesem Zeitpunkte wird die Mitgliedschaft des Verstorbenen durch den Erben desselben fortgesetzt.[2] Für mehrere[3] Erben kann das Stimmrecht durch einen Bevollmächtigten ausgeübt werden.

Der Vorstand hat eine Anzeige von dem Tode des Genossen ohne Verzug dem Gerichte (§. 10) zur Liste der Genossen einzureichen.[4]

Die Vorschriften in §. 70 Absatz 1, §§. 71 bis 75 finden entsprechende Anwendung.[5]

Gz. 38, Entw. I 72, II 73, Komm. 73, Rtg. 75. Begr. I 155, II 103, Komm.Ber. 41, A.V. 7, 31.

[1] Dies der einzige Fall, in dem die Mitgliedschaft endet, ohne Rücksicht auf die Eintragung. Wie bisher ist die Mitgliedschaft unvererblich. Auflösung einer Gesellschaft, die Mitglied ist, müßte dem Tode der physischen Person gleichgestellt sein (a. A. Johow Bd. 14 S. 53).

[2] Die Erben werden also nicht Genossen, können aber entsprechend der „Fortsetzung" der Mitgliedschaft die Einrichtungen der Genossenschaft benutzen.

[3] Ein Erbe muß seine Rechte persönlich ausüben.

[4] Vgl. 125, 141, 162 (Uebergangsbestimmung). Angabe des Todestages oder wenigstens Todesjahres ist erforderlich, A.V. 33 Abs. 5, doch nicht immer möglich, dann muß das Gericht in Sp. 8 als Tag des Ausscheidens „unbekannt" eintragen. Die Erben namhaft zu machen ist die Genossenschaft nicht verpflichtet.

[5] Die Benachrichtigung 72 ist vom Gericht an die Erben zu senden.

Sechster Abschnitt.

Auflösung und Nichtigkeit der Genossenschaft.

Vorbemerkung. Fünf Fälle der Auflösung.

1) Durch Auflösungsbeschluß der Generalversammlung, 78, 2) durch Ablauf der statutarisch bestimmten Zeit, 79, 3) zufolge Herabsinkens des Mitgliederbestandes, 80, 4) durch die Staatsbehörde, 79, 5) durch die Konkurseröffnung, 101. Ueber Nichtigkeit, 94 ff., Frw.Ger. 147.

§. 78.

Die Genossenschaft kann durch Beschluß der Generalversammlung jederzeit aufgelöst werden; der Beschluß bedarf einer Mehrheit von drei Viertheilen der erschienenen Genossen.[1] Das Statut kann außer dieser Mehrheit noch andere Erfordernisse aufstellen.

Die Auflösung ist durch den Vorstand ohne Verzug zur Eintragung in das Genossenschaftsregister anzumelden.[2]

Gz. 34, 36, Entw. I 73, II 74, Komm. 74, Rtg. 76. Begr. I 156, II 103, A.V. 20.

[1] A.G. 242 Ziff. 2, H.G.B. 292.

[2] Die Auflösung ist von der Eintragung nicht abhängig. — Ordnungsstrafe 160. — Mit der Auflösung zugleich sind Liquidatoren anzumelden A.V. 20. Ueber die Blätter, in denen die Bekanntmachungen erfolgen 82.

§. 79.

In dem Falle, daß durch das Statut die Zeitdauer der Genossenschaft beschränkt ist, tritt die Auflösung derselben durch Ablauf der bestimmten Zeit ein.[1]

Die Vorschrift im §. 78 Absatz 2 findet Anwendung.[2]

Gz. 34 Ziffer 1, Entw. I 74, II 75, Komm. 75, Rtg. 77. Begr. I 156, II 104.

[1] 8, 16. Auflösungsbeschluß erfolgt nicht. Fortsetzung müßte vor Ablauf der Zeit beschlossen und eingetragen sein.

[2] 82.

§. 80.

Beträgt die Zahl der Genossen weniger als sieben,[1] so hat das Gericht (§. 10) auf Antrag des Vorstandes und, wenn der Antrag nicht binnen sechs Monaten erfolgt, von Amtswegen nach Anhörung des Vorstandes die Auflösung der Genossenschaft auszusprechen.[2]

Der Beschluß ist der Genossenschaft zuzustellen. Gegen denselben steht ihr die sofortige Beschwerde nach Maßgabe der Civilprozeßordnung zu.[3] Die Auflösung tritt mit der Rechtskraft des Beschlusses in Wirksamkeit.

Entw. I 75, II 76, Komm. 76, Rtg. 78. Begr. I 157, II 104. A.B. 20.

[1] Für die Genossenschaften, die 1889 bestanden, Uebergangsbestimmung 160.

[2] Die Auflösung soll nicht durch die bloße Tatsache der Verminderung der Mitgliederzahl von selbst eintreten, es muß ein Gerichtsbeschluß hinzukommen Begr. II 104.

[3] Z.P.O. 577.

§. 81.

Wenn eine Genossenschaft[1] sich gesetzwidriger Handlungen oder Unterlassungen schuldig macht, durch welche das Gemeinwohl gefährdet wird,[2] oder wenn sie andere als die in diesem Gesetze (§. 1) bezeichneten geschäftlichen Zwecke verfolgt,[3] so kann[4] sie aufgelöst werden, ohne daß deshalb ein Anspruch auf Entschädigung stattfindet.[5]

Das Verfahren und die Zuständigkeit der Behörden richtet sich nach den für streitige Verwaltungssachen landesgesetzlich geltenden Vorschriften.[6] Wo ein Verwaltungsstreitverfahren nicht besteht, finden die Vorschriften in §§. 20, 21 der Gewerbeordnung mit der Maßgabe Anwendung, daß die Entscheidung in erster Instanz durch die höhere Verwaltungsbehörde erfolgt, in deren Bezirke die Genossenschaft ihren Sitz hat.

Von der Auflösung hat die in erster Instanz entscheidende Behörde dem Gerichte (§. 10) Mittheilung zu machen.

Gz. 35, Entw. I 76, II 77, Komm. 77, Rtg. 79. Begr. I 157, II 104. Komm.Ber. 41.

[1] Nicht bloße Handlungen oder Unterlassungen des Vorstandes oder des Aufsichtsrats. Die bisherigen Fälle der Verfolgung von Genossenschaften durch Auflösungsanträge auf Grund 35 Gz. und 81 G.G. sind besprochen von Parisius u. Crüger 443 ff.

[2] Selbstverständlich ist Gemeinwohl nicht gleichbedeutend mit den Interessen eines bestimmten Berufsstandes.

[3] Grundsätzlich ist nach § 1 des Gesetzes der Geschäftsbetrieb mit Nichtmitgliedern auf die rechtliche Natur der G. ohne Einfluß. Auch Vorschußvereine und Konsumvereine verfolgen die im § 1 bezeichneten geschäftlichen Zwecke, wenn sie ihren Geschäftsbetrieb auf Nichtmitglieder ausdehnen. Die Uebertretung gewerbepolizeilicher Bestimmungen ist nach der Gewerbeordnung zu bestrafen; die Folgen von 81 kann die Uebertretung nicht haben.

[4] kann — nicht muß.

[5] Der Absatz stimmt wörtlich überein mit 35 Gz.; vgl. über Entstehung und Nichtanwendung der Bestimmung Parisius u. Crüger 437 ff.

[6] An Stelle des früheren, im deutschen Reiche gleichen Verfahrens des Zivilprozesses, wie im Gz., tritt ein in jedem Bundesstaate verschiedenes, und da, wo es kein Verwaltungsstreitverfahren gibt, mehr oder minder willkürliches Verfahren Begr. II 104, Komm. Ber. 41.

§. 82.

Die Auflösung der Genossenschaft ist von dem Gerichte ohne Verzug in das Genossenschaftsregister einzutragen.[1]

Sie muß von den Liquidatoren zu drei verschiedenen Malen durch die für die Bekanntmachungen der Genossenschaft bestimmten Blätter bekannt gemacht werden.[2] Durch die Bekanntmachung sind zugleich die Gläubiger aufzufordern, sich bei der Genossenschaft zu melden.

Gz. 36, Entw. I 77, II 78, Komm. 78, Rtg. 80. Einf.Ges. z. H.G.B. Art. 10 VII. Begr. I 159, II 105. A.B. 20.

[1] Die Bekanntmachung der Auflösung erfolgt einmal in den für die Bekanntmachungen aus dem Genossenschaftsregister vom Gericht bestimmten Blättern 156, zu dem Gericht der Zweigniederlassung erfolgt die Mitteilung durch das Gericht der Hauptniederlassung 158.

[2] Diese dreimalige Bekanntmachung hat nicht vom Gericht zu erfolgen und ist wirkungslos, wenn sie in den für die gerichtlichen Bekanntmachungen aus dem Genossenschaftsregister bestimmten Blättern erfolgt. Präklusivfrist für die Meldung der Gläubiger nicht zulässig.

§. 83.[1]

Die Liquidation erfolgt durch den Vorstand, wenn nicht dieselbe durch das Statut oder durch Beschluß der Generalversammlung anderen Personen übertragen wird.[2]

Es sind wenigstens zwei Liquidatoren zu bestellen.

Auf Antrag des Aufsichtsraths oder mindestens des zehnten Theils der Genossen kann die Ernennung von Liquidatoren durch das Gericht (§. 10) erfolgen.

Die Abberufung der Liquidatoren[3] kann durch das Gericht unter denselben Voraussetzungen wie die Bestellung erfolgen. Liquidatoren, welche nicht vom Gerichte ernannt sind, können auch durch die Generalversammlung vor Ablauf des Zeitraums, für welchen sie bestellt sind, abberufen werden.

Gz. 40, Entw. I 78 u. II, Komm. 79, Rtg. 81. Begr. I 160, II 106.

[1] Uebergangsbestimmung 161. Mit der Auflösung nimmt nur die produktive Seite der Genossenschaft ihr Ende, diese besteht noch weiter zum Zweck der Abwickelung ihrer Geschäfte. Der Revision nach 53ff. unterliegt die aufgelöste Genossenschaft nicht Statutenänderungen können nicht mehr beschlossen werden. Die

Auflösung gibt den Gläubigern nicht das Recht, vorzeitige Erfüllung zu fordern, die Auflösung führt nicht zur Beendigung der Verträge.

[2] Vgl. 24. Der Vorstand besteht neben den Liquidatoren nicht fort.

[3] Der Aufsichtsrat hat gegen alle Liquidatoren das Recht der Suspension. Bestellung und Abberufung der Liquidatoren durch das Gericht nur auf Antrag. Sofortige Beschwerde Frw.Ger. 148.

§. 84.

Die ersten Liquidatoren sind durch den Vorstand, jede Aenderung in den Personen der Liquidatoren, sowie eine Beendigung ihrer Vertretungsbefugniß[1] ist durch die Liquidatoren zur Eintragung in das Genossenschaftsregister anzumelden. Eine Abschrift der Urkunden über die Bestellung der Liquidatoren oder über die Aenderung in den Personen derselben ist der Anmeldung beizufügen und wird bei dem Gericht aufbewahrt.

Die Eintragung der gerichtlichen Ernennung oder Abberufung von Liquidatoren geschieht von Amtswegen.

Die Liquidatoren haben ihre Unterschrift persönlich vor dem Gerichte zu zeichnen oder die Zeichnung in beglaubigter Form einzureichen.[2]

Gz. 41, Entw. I 79 u. II, Komm. 80, Rtg. 82. Einf.Ges. z. H.G.B. Art. 10 VIII. Begr. I 160, II 106, A.V. 6, 20, 21.

[1] Liquidation durch den Vorstand A.V. 20 Abs. 2. Sobald mit der vollständigen Verteilung des Genossenschaftsvermögens die Liquidation beendigt ist, haben die Liquidatoren das Erlöschen ihrer Vollmacht anzumelden. A.V. 21.

[2] Zweigniederlassungen 157. Ordnungsstrafen 160.

§. 85.

Die Liquidatoren haben in der bei ihrer Bestellung bestimmten Form ihre Willenserklärungen kundzugeben und für die Genossenschaft zu zeichnen. Ist nichts darüber bestimmt, so muß die Erklärung und Zeichnung durch sämmtliche Liquidatoren erfolgen. Weniger als zwei dürfen hierfür nicht bestimmt werden.[1]

Die Bestimmung ist mit der Bestellung der Liquidatoren zur Eintragung in das Genossenschaftsregister anzumelden.[2]

Die Zeichnungen geschehen derartig, daß die Liquidatoren der bisherigen, nunmehr als Liquidationsfirma zu bezeichnenden Firma ihre Namensunterschrift beifügen.

Gz. 42, 45, Entw. I 80 u. II, Komm. 81, Rtg. 83. Begr. I 160, II 106.

[1] 25. [2] 157, 160.

§. 86.

Die Vorschriften im §. 29 über das Verhältniß zu dritten Personen finden bezüglich der Liquidatoren Anwendung.

Gz. 42, Entw. I 81 u. II, Komm. 82, Rtg. 84. Begr. I 160, II 106.

§. 87.

Bis zur Beendigung der Liquidation kommen ungeachtet der Auflösung der Genossenschaft in Bezug auf die Rechtsverhältnisse derselben und der Genossen die Vorschriften des zweiten und dritten Abschnitts dieses Gesetzes zur Anwendung, soweit sich aus den Bestimmungen des gegenwärtigen Abschnitts und aus dem Wesen der Liquidation nicht ein Anderes ergiebt.[1]

Der Gerichtsstand, welchen die Genossenschaft zur Zeit ihrer Auflösung hatte, bleibt bis zur vollzogenen Vertheilung des Vermögens bestehen.

Gz. 40, Entw. I 82 u. II, Komm. 83, Rtg. 85. Begr. I 161, II 106.

[1] Es kommen nicht zur Anwendung 20, 21, 22, 30 Abs. 2, 49 — es sind ersetzt 19 durch 91, 24 durch 83, 88, 89, 25 durch 85, 28 durch 84, 33 und 34 durch 89. Abschnitt IV, betreffend die Revision findet keine Anwendung. Die übrigen Vorschriften finden entsprechende Anwendung, so behalten insbesondere der Aufsichtsrat und die Mitglieder in der Generalversammlung ihre Rechte gegenüber den Liquidatoren.

§. 88.

Die Liquidatoren haben die laufenden Geschäfte zu beendigen, die Verpflichtungen der aufgelösten Genossenschaft zu erfüllen, die Forderungen derselben einzuziehen und das Vermögen der Genossenschaft in Geld umzusetzen; sie haben die Genossenschaft gerichtlich und außergerichtlich zu vertreten. Zur Beendigung schwebender Geschäfte können die Liquidatoren auch neue Geschäfte eingehen.[1]

Gz. 43, Entw. I 83 u. II, Komm. 84, Rtg. 86. Begr. I 161, II 106.

[1] R.O.H.G. Bd. 13 S. 226, R.G. Bd. 4 S. 84, Bd. 15 S. 104, Bd. 44 S. 82ff. Rückständige Einzahlungen auf Geschäftsanteile sind einzuziehen, mit der Auflösung hört die laufende Einzahlungspflicht auf. — Begr. II 106.

§. 89.

Die Liquidatoren haben die aus den §§. 26, 27, §. 33 Absatz 1, §. 34, §§. 44 bis 47, §. 48 Absatz 2, §. 51

sich ergebenden Rechte und Pflichten[1] des Vorstandes und unterliegen gleich diesem der Ueberwachung des Aufsichtsraths.[2] Sie haben sofort bei Beginn der Liquidation und demnächst in jedem Jahre[3] eine Bilanz aufzustellen. Die erste Bilanz ist zu veröffentlichen;[4] die Bekanntmachung ist zu dem Genossenschaftsregister einzureichen.[5]

Gz. 44, 40, 48, 43, Entw. I 81 u. II, Komm. 85, Rtg. 87. Einf.Ges. z. H.G.B. Art. 10 IX. Begr. I 161, II 107, Komm.Ber. 42, A.B. 7.

[1] 90 Abs. 3, 142.

[2] 40.

[3] Kalenderjahr. Für die Bilanz gelten die allgemeinen Grundsätze, Johow Bd. 14 S. 238, es ist aber für die Wertbemessung die Aufgabe des Geschäftsbetriebes zu berücksichtigen.

[4] 91. Die ferneren Bilanzen sind zwar der Generalversammlung vorzulegen (48 Abs. 2), aber nicht zu veröffentlichen. Ordnungsstrafe 160. Begr. II 102.

[5] Die Liquidatoren können selbständig unbewegliche Sachen erwerben, soweit der Erwerb in den Rahmen ihrer Vertretungsbefugnis fällt, sie sind für den Verkauf der unbeweglichen Sachen an keine Beschränkung gebunden, die diesbezügliche Beschränkung des Gesetzes von 1889 ist durch Einf.Ges. z. H.G.B. beseitigt.

§. 90.

Eine Vertheilung des Vermögens unter die Genossen darf nicht vor Tilgung oder Deckung der Schulden und nicht vor Ablauf eines Jahres seit dem Tage vollzogen werden, an welchem die Aufforderung der Gläubiger in den hierzu bestimmten Blättern (§. 82 Absatz 2) zum dritten Male erfolgt ist.[1]

Meldet sich ein bekannter Gläubiger nicht, so ist der geschuldete Betrag, wenn die Berechtigung zur Hinterlegung vorhanden ist, für den Gläubiger zu hinterlegen. Ist die Berichtigung einer Verbindlichkeit zur Zeit nicht ausführbar oder ist eine Verbindlichkeit streitig, so darf die Vertheilung des Vermögens nur erfolgen, wenn dem Gläubiger Sicherheit geleistet ist.[2]

Liquidatoren, welche diesen Vorschriften zuwiderhandeln, sind außer der Genossenschaft[3] den Gläubigern zum Ersatze des ihnen daraus erwachsenen Schadens persönlich und solidarisch verpflichtet. Die gleiche Verpflichtung trifft die Mitglieder des Aufsichtsraths, wenn die Zuwiderhandlung mit ihrem Wissen und ohne ihr Einschreiten geschieht. Die Verpflichtung wird den Gläubigern[4] gegenüber dadurch nicht aufgehoben, daß die Zuwiderhandlung auf einem Beschlusse der Generalversammlung beruht.

Entw. I 85, II 86, Komm. 86, Rtg. 88. Einf.Ges. z. H.G.B. Art. 10 X. Begr. I 162, II 107, Komm.Ber. 42.

Da ein Konkursverfahren nach Verteilung des Vermögens nicht zulässig ist (98 Abs. 2), werden die bisherigen den Bestimmungen über offene Handelsgesellschaften entnommenen Vorschriften zur Sicherung der Rechte der Gläubiger nicht für ausreichend erklärt und ähnliche Bestimmungen eingeführt, wie für die Aktiengesellschaften (H.G.B. 301). Begr. II 108. Das Sperrjahr darf nicht abgekürzt werden, hat aber auch nicht die Bedeutung einer Präklusivfrist. Gilt auch für die Auszahlung der Geschäftsguthaben.

[2] H.G.B. 301, B.G.B. 52, 232 ff. (Sicherstellung), 372 (Hinterlegung), Einf.Ges. z. H.G.B. Art. 10 X.

[3] 33 Abs. 3.

[4] 90 Abs. 3 und 142 sind die einzigen Fälle, in denen eine direkte Haftpflicht gegenüber den Gläubigern anerkannt wird. Vgl. R.G. 9. 6. 1900 Bl.f.G. 1900 S. 311.

§. 91.

Die Vertheilung des Vermögens unter die einzelnen Genossen erfolgt bis zum Gesammtbetrage ihrer auf Grund der ersten Liquidationsbilanz (§. 89) ermittelten Geschäftsguthaben nach dem Verhältniß der letzteren. Bei Ermittelung der einzelnen Geschäftsguthaben bleiben für die Vertheilung des Gewinnes oder Verlustes, welcher sich für den Zeitraum zwischen der letzten Jahresbilanz (§. 33) und der ersten Liquidationsbilanz ergeben hat, die seit der letzten Jahresbilanz geleisteten Einzahlungen außer Betracht. Der Gewinn aus diesem Zeitraum ist dem Guthaben auch insoweit zuzuschreiben, als dadurch der Geschäftsantheil überschritten wird.[1] [2]

Ueberschüsse, welche sich über den Gesammtbetrag dieser Guthaben hinaus ergeben, sind nach Köpfen zu vertheilen.[3]

Durch das Statut kann die Vertheilung des Vermögens ausgeschlossen oder ein anderes Verhältniß für die Vertheilung bestimmt werden.[4]

Gz. 47, Entw. I 86, II 87, Komm. 87, Rtg. 89. Begr. I 163, II 108, Komm.Ber. 43. Nov. Komm.Ber. 13.

[1] 19, Begr. II 108.

[2] Schlußbilanz, Parisius u. Crüger 464.

[3] Die auf unbekannte Mitglieder entfallenden Beträge sind zu hinterlegen.

Legung einer Schlußrechnung verhindert das Gesetz zwar nicht, doch ergibt sich die Verpflichtung aus der Stellung der Liquidatoren als Geschäftsführer.

[4] Ges. v. 12. August 1896 Art. 1, 4. Früher lautete der Abs. 3 G.G.: „Durch das Statut kann ein anderes Verhältnis für die Verteilung bestimmt werden." Die Aenderung war überflüssig, da auch ohne sie das Statut die Verteilung des Gewinns aus-

schließen konnte. Der Ausschluß der Gewinnverteilung kann auch bei bestehender Genossenschaft eingeführt werden.

§. 92.

Ein bei der Auflösung der Genossenschaft verbleibendes unvertheilbares Reinvermögen (§. 91 Absatz 3) fällt, sofern dasselbe nicht durch das Statut einer physischen oder juristischen Person zu einem bestimmten Verwendungszweck überwiesen ist, an diejenige Gemeinde, in der die Genossenschaft ihren Sitz hatte.[1] Die Zinsen dieses Fonds sind zu gemeinnützigen Zwecken zu verwenden.

Nov. Komm.Ber. 13.

[1] Entspricht den Grundsätzen über die Bildung eines unteilbaren Vereinsvermögens (20).

§. 93.

Nach Beendigung der Liquidation sind die Bücher und Schriften der aufgelösten Genossenschaft für die Dauer von zehn Jahren einem der gewesenen Genossen oder einem Dritten in Verwahrung zu geben. Der Genosse oder der Dritte wird in Ermangelung einer Bestimmung des Statuts oder eines Beschlusses der Generalversammlung durch das Gericht (§. 10) bestimmt. Dasselbe kann die Genossen und deren Rechtsnachfolger, sowie die Gläubiger der Genossenschaft zur Einsicht der Bücher und Schriften ermächtigen.[1]

Gz. 50, Entw. I 87, II 88, Komm. 88, Rtg. 90. Begr. I 165, II 109, Komm.Ber. 43.

[1] Sofortige Beschwerde Frw.Ger. 148.

Vorbemerkung zu §§. 94–97.

Wiederholt sind Statuten in das Genossenschaftsregister eingetragen, die an wesentlichen Mängeln litten, so daß die Eintragung als nichtig betrachtet werden mußte. Es fehlte an einem

Verfahren, derartige Eintragungen zu beseitigen, die Löschung der Genossenschaft herbeizuführen. Diesem Mangel hat das Einf.Ges. z. H.G.B. in Art. 10 XI für Genossenschaften durch Einführung des Nichtigkeitsverfahrens abgeholfen, das in §§ 94 bis 97 geregelt ist. Eine Ergänzung findet das Verfahren in Frw.Ger. 147, der bestimmt:

> Eine in das Genossenschaftsregister eingetragene Genossenschaft kann gemäß den Vorschriften der §§ 142, 143 als nichtig gelöscht werden, wenn die Voraussetzungen vorliegen, unter denen nach §§ 94, 95 des Gesetzes, betreffend die Erwerbs- und Wirtschaftsgenossenschaften, die Nichtigkeitsklage erhoben werden kann.
>
> Ein in das Genossenschaftsregister eingetragener Beschluß der Generalversammlung einer Genossenschaft kann gemäß den Vorschriften der §§ 142, 143 als nichtig gelöscht werden, wenn er durch seinen Inhalt zwingende Vorschriften des Gesetzes verletzt und seine Beseitigung im öffentlichen Interesse erforderlich erscheint.

Bei der letzteren Bestimmung handelt es sich hauptsächlich um Statutenänderungen. Der Beschluß muß *inhaltlich zwingende Vorschriften des Gesetzes* verletzen — in anderen Fällen bleibt die Anfechtung den Beteiligten überlassen. *Fernere* Voraussetzung der Löschung von Amts wegen ist, daß die Beseitigung im *öffentlichen Interesse* erforderlich erscheint (vgl. Parisius u. Crüger 468). Das Verfahren bei der Löschung ist in Frw.Ger. 142, 143 näher bestimmt.

Für die *Nichtigkeitsklage* sind 94—97 maßgebend.

Welche Bestimmungen als wesentlich für die Erhebung der Nichtigkeitsklage zu betrachten sind, ist in 95 bestimmt. Zweck des Verfahrens ist, Mängel des Gesellschaftsvertrages, welche die Nichtigkeit der Gesellschaft zur Folge haben, nachträglich zu heilen. Hierzu bedurfte es besonderer gesetzlicher Vorschriften, da an und für sich eine nichtige Genossenschaft nicht im Stande ist, ihr Statut abzuändern.

Das Urteil, durch das eine Genossenschaft für nichtig erklärt wird, hat deklaratorische Bedeutung, die Genossenschaft ist nichtig, es wird ihr aber insoweit eine gewisse Rechtsbeständigkeit beigelegt, als es sich um die Abwickelung ihrer Verhältnisse handelt.

Ist von Amts wegen mit Löschung vorgegangen, so schließt dies die Erhebung der Nichtigkeitsklage aus.

§. 94.

Enthält das Statut nicht die für dasselbe wesentlichen Bestimmungen oder ist eine dieser Bestimmungen nichtig, so kann jeder Genosse und jedes Mitglied des Vorstandes und des Aufsichtsraths im Wege der Klage beantragen, daß die Genossenschaft für nichtig erklärt werde.

§. 95.

Als wesentlich im Sinne des §. 94 gelten die in den §§. 6, 7 und 131 bezeichneten Bestimmungen des Statuts mit Ausnahme derjenigen über die Beurkundung der Beschlüsse der Generalversammlung und den Vorsitz in dieser, sowie über die Grundsätze für die Aufstellung und Prüfung der Bilanz.

Ein Mangel, der eine hiernach wesentliche Bestimmung des Statuts betrifft, kann durch einen den Vorschriften dieses Gesetzes über Aenderungen des Statuts entsprechenden Beschluß der Generalversammlung geheilt werden.

Die Berufung der Generalversammlung erfolgt, wenn sich der Mangel auf die Bestimmungen über die Form der Berufung bezieht, durch Einrückung in diejenigen öffentlichen Blätter, welche für die Bekanntmachung der Eintragungen in das Genossenschaftsregister des Sitzes der Genossenschaft bestimmt sind.

Betrifft bei einer Genossenschaft mit beschränkter Haftpflicht der Mangel die Bestimmungen über die Haftsumme, so darf durch die zur Heilung des Mangels beschlossenen Bestimmungen der Gesammtbetrag der von den einzelnen Genossen übernommenen Haftung nicht vermindert werden.

§. 96.

Das Verfahren über die Klage auf Nichtigkeitserklärung und die Wirkungen des Urtheils bestimmen sich nach den Vorschriften des §. 51 Absatz 3 bis 5 und des §. 52.

§. 97.

Ist die Nichtigkeit einer Genossenschaft in das Genossenschaftsregister eingetragen, so finden zum Zwecke der Abwickelung ihrer Verhältnisse die für den Fall der Auflösung geltenden Vorschriften entsprechende Anwendung.

Die Wirksamkeit der im Namen der Genossenschaft mit Dritten vorgenommenen Rechtsgeschäfte wird durch die Nichtigkeit nicht berührt.

Soweit die Genossen eine Haftung für die Verbindlichkeiten der Genossenschaft übernommen haben, sind sie verpflichtet, die zur Befriedigung der Gläubiger erforderlichen Beträge nach Maßgabe der Vorschriften des folgenden Abschnitts zu leisten.

Einf.Ges. z. H.G.B. Art. 10 XI.

Siebenter Abschnitt.

Konkursverfahren und Haftpflicht der Genossen.

§. 98.

Das Konkursverfahren findet im Falle der Zahlungsunfähigkeit,[1] nach Auflösung der Genossenschaft auch im Falle der Ueberschuldung statt.[2]

Nach Auflösung der Genossenschaft ist die Eröffnung des Verfahrens so lange zulässig, als die Vertheilung des Vermögens nicht vollzogen ist.[3]

Gz. 48, Entw. I 88, II 89, Komm. 89, Rtg. 91. Begr. I 166, II 109, Komm.Ber. 43.

[1] 99 Abs. 2, 121, 126, 140. Zahlungsunfähigkeit liegt vor, wenn die Genossenschaft nicht die genügenden Mittel besitzt, um die fälligen Verpflichtungen zu erfüllen. Zahlungsstockung ist keine Zahlungseinstellung.

[2] Der Aufschub, den Gz. 48 gewährte, ist hier beseitigt. Wenn Unzulänglichkeit zur Deckung der Verbindlichkeiten besteht, wenn das Vermögen nicht mehr die Schulden deckt, wobei auch Geschäftsguthaben und Reserven selbstverständlich zu dem Vermögen gehören, liegt Ueberschuldung vor.

[3] Anträge auf Einführung eines Nachschußverfahrens zur Abwendung des Konkurses sind abgelehnt. Es gibt also kein freiwilliges Umlageverfahren, Deckung einer Unterbilanz ist nur durch Bildung eigenen Vereinsvermögens möglich. Begr. II 113 ff., Komm.Ber. 43 ff., Parisius u. Crüger 471. Die Folge ist, daß nach Verteilung des Vermögens Konkurs nicht mehr zuläſſig ist.

§. 99.

Sobald die Zahlungsunfähigkeit der Genossenschaft eintritt, hat der Vorstand die Eröffnung des Konkursverfahrens zu beantragen;[1] dasselbe gilt, wenn bei oder nach Auflösung der Genossenschaft aus der Jahresbilanz oder aus einer im Laufe des Jahres aufgestellten Bilanz Ueberschuldung sich ergiebt.[2]

Die Mitglieder des Vorstandes sind der Genossenschaft zum Ersatz einer nach diesem Zeitpunkte geleisteten Zahlung nach Maßgabe des §. 34 verpflichtet.[3]

Die Ansprüche auf Grund der vorstehenden Bestimmungen verjähren in fünf Jahren.[4]

Gz. 48, Entw. I 89, II 90, Komm. 90, Rtg. 92. Begr. I 165 ff., II 109 ff., Komm.Ber. 43 ff.

[1] Strafvorschrift 148. Antragsberechtigt sind auch die einzelnen Vorstandsmitglieder (100, K.O. 109).

[2] 118, 140, s. Begr. II 115. Sind bereits Liquidatoren bestellt, so sind diese und nicht die Vorstandsmitglieder verantwortlich (R.G. Strafsachen Bd. 25 S. 86).

[3] Eine subsidiäre direkte Haftpflicht gegenüber den Gläubigern ist nicht vorgesehen; für G. m. b. H. 142. Eine gleiche Ersatzpflicht für die Mitglieder des Aufsichtsrats besteht nicht.

[4] 34 Abs. 4.

§. 100.

Zu dem Antrage auf Eröffnung des Verfahrens ist außer den Konkursgläubigern jedes Mitglied des Vorstandes berechtigt.[1]

Wird der Antrag nicht von allen Mitgliedern gestellt, so ist derselbe zuzulassen, wenn die ihn begründenden Thatsachen (§. 98) glaubhaft gemacht werden. Das Gericht hat die übrigen Mitglieder nach Maßgabe der Konkursordnung §. 105 Absatz 2, 3 zu hören.[2]

Der Eröffnungsantrag kann nicht aus dem Grunde abgewiesen werden, daß eine den Kosten des Verfahrens entsprechende Konkursmasse nicht vorhanden sei.[3]

K.O. (in alter Fassung) 193 Abs. 2, 194, 195 (jetzt 208 Abs. 2, 209, 210), Entw. I 90, II 91, Komm. 91, Rtg. 93. Begr. I 171, II 113.

[1] Aufsichtsrat und Generalversammlung sind nicht antragsberechtigt. K.O. 104 für die Vorstandsmitglieder, K.O. 105 für die Gläubiger maßgebend.

² K.O. 105, 109. Was unter „glaubhaft machen" zu verstehen, sagt Z.P.O. 294.

³ Folge der Nachschußpflicht.

§. 101.

Durch die Eröffnung des Konkursverfahrens wird die Genossenschaft aufgelöst.[1]

Gz. 34; Entw. I 91, II 92, Rtg. 94. Begr. I 171, II 113.

[1] Die Auflösung ist eine endgültige, falls nicht der Eröffnungsbeschluß nach K.O. 116 aufgehoben wird.

§. 102.

Die Eröffnung des Konkursverfahrens ist unverzüglich in das Genossenschaftsregister einzutragen. Die Eintragung wird nicht bekannt gemacht.[1]

Gz. 37, Entw. I 92, II 93, Komm. 93, Rtg. 95. Begr. I 171, II 113.

[1] K.O. 112 betr. die Benachrichtigung. Mitteilung an das Gericht der Zweigniederlassung 157. Veröffentlichung K.O. 111.

§. 103.

Bei der Eröffnung des Verfahrens ist von dem Gerichte ein Gläubigerausschuß zu bestellen. Die Gläubigerversammlung hat über die Beibehaltung der bestellten oder die Wahl anderer Mitglieder zu beschließen. Im Uebrigen kommen die Vorschriften im §. 87 der Konkursordnung zur Anwendung.

Komm. 93 a, Rtg. 96. Komm.Ber. 46.

§. 104.

Die Generalversammlung ist ohne Verzug zur Beschlußfassung darüber zu berufen (§§. 44 bis 46), ob die bisherigen Mitglieder des Vorstandes und des Aufsichtsraths beizubehalten oder andere zu bestellen sind.[1]

Entw. I 98, II 94, Komm. 94, Rtg. 97. Begr. I 172, II 113, Komm.Ber. 46.

[1] Die Organisation der Genossenschaft besteht also während des Konkurses fort.

Vorbemerkung zu §§ 105 bis 115.

Der 105 enthält die materiellen Grundsätze über die Nachschußpflicht, 106 bis 114 ordnen das Nachschußverfahren, 115 die Verteilung der Nachschußmasse. Begr. II 40 ff., 114 ff.

§. 105.

Soweit die Konkursgläubiger wegen ihrer bei der Schlußvertheilung (Konkursordnung §. 161) berücksichtigten Forderungen[1] aus dem zur Zeit der Eröffnung des Konkursverfahrens vorhandenen Vermögen der Genossenschaft nicht befriedigt werden, sind die Genossen verpflichtet, Nachschüsse zur Konkursmasse zu leisten.[2]

Die Nachschüsse sind von den Genossen, wenn nicht das Statut ein anderes Beitragsverhältniß festsetzt, nach Köpfen zu leisten.[3]

Beiträge, zu deren Leistung einzelne Genossen unvermögend sind, werden auf die übrigen vertheilt.

Zahlungen, welche Genossen über die von ihnen nach den vorstehenden Bestimmungen geschuldeten Beiträge hinaus leisten, sind ihnen, nachdem die Befriedigung der Gläubiger erfolgt ist, aus den Nachschüssen zu erstatten.[4]

Gegen die Nachschüsse kann der Genosse eine Forderung an die Genossenschaft aufrechnen, sofern die Voraussetzungen vorliegen, unter welchen er als Konkursgläubiger Befriedigung wegen der Forderung aus den Nachschüssen zu beanspruchen hat.[5]

Gz. 59, Entw. I 94, II 95, Komm. 95, Rtg. 98. Begr. I 172 bis 176, II 114 bis 116, Komm.Ber. 46.

[1] A) Dazu gehören 1. festgestellte Forderungen; betagte Forderungen gelten als fällig (K.O. 65), 2/ streitig gebliebene; a) mit einem vollstreckbaren Schuldtitel (K.O. 146), b) ohne solchen unter der Voraussetzung K.O. 152, 3. Forderungen unter aufschiebender Bedingung, unter Voraussetzung K.O. 154, 4. Forderungen unter auflösender Bedingung K.O. 66, 5. Forderungen, wegen deren abgesonderte Befriedigung verlangt wird, nach Maßgabe von K.O. 153. B) *Die Höhe der einzelnen Ausfallforderungen* erstreckte sich (Gz. 51 Abs. 5) auch auf die laufenden Zinsen und auf die Kosten der Teilnahme am Konkursverfahren, obgleich diese Ansprüche im Konkurse selbst nach K.O. nicht geltend gemacht werden können. Dies ist geändert. Forderungen, welche nicht auf einen Geldbetrag gerichtet sind, sowie Ansprüche auf wiederkehrende Hebungen und betagte unverzinsliche Forderungen (K.O. 65, 70) sind nur zu dem Betrage zu decken, mit welchem sie bei der Schlußverteilung berücksichtigt und ausgefallen sind. Begr. II 115.

[2] Die *Nachschußpflicht* ist als *eine selbständige Verbindlichkeit der Genossen gegen die Genossenschaft*, und der *Anspruch auf die Nachschüsse als ein Bestandteil des Vermögens der Genossenschaft* behandelt, der in seiner Entstehung durch den Eintritt des Konkurses bedingt, in seinem Umfang durch dessen Ausgang begrenzt erscheint, daher nur im Konkurse der Genossenschaft und in den besonders dafür vorgesehenen Formen zu realisieren ist. Parisius u. Crüger 45 ff., 480 ff. Der Anspruch der Genossenschaft auf Nachschußpflicht ist *nicht abtretbar*.

[3] Zweifellos zahlungsunfähige Genossen sollten nach der Absicht des Entwurfs schon in der ersten Berechnung außer Ansatz gelassen werden. Begr. II 115 u. 117. Dies ist in der Kommission

durch Einschiebung des Abs. 2 in 106 geändert; es ist aber das Defizit entsprechend höher zu nehmen.

[4] Förderung freiwilliger Zahlungen behufs schleuniger Befriedigung der Gläubiger wird bezweckt. Komm.Ber. 47. — Das Nachschußverfahren ist behufs der Erstattung erforderlichen Falls fortzusetzen (124, 130).

[5] Die Aufrechnung findet nur gegen die Nachschüsse, nicht gegen die unverkürzt zu leistenden Vorschüsse statt, Begr. II 116.

§. 106.

Der Konkursverwalter hat sofort, nachdem die Bilanz auf der Gerichtsschreiberei niedergelegt ist (Konkursordnung §. 124), zu berechnen, wieviel zur Deckung des in der Bilanz bezeichneten Fehlbetrages die Genossen vorschußweise beizutragen haben.

In der Berechnung (Vorschußberechnung) sind die sämmtlichen Genossen namentlich zu bezeichnen[1] und auf sie die Beiträge zu vertheilen. Die Höhe der Beiträge ist jedoch derart zu bemessen, daß durch ein voraussehendes Unvermögen einzelner Genossen zur Leistung von Beiträgen ein Ausfall an dem zu deckenden Gesammtbetrage nicht entsteht.[2]

Die Berechnung ist dem Konkursgerichte mit dem Antrage einzureichen, dieselbe für vollstreckbar zu erklären.[3] Wird das Genossenschaftsregister nicht bei dem Konkursgerichte geführt, so ist dem Antrage eine beglaubigte Abschrift des Statuts und der Liste der Genossen beizufügen.

Gz. 52, Entw. I 95, II 96, Komm. 96, Rtg. 99. Begr. I 177, II 117, Komm.Ber. 47.

[1] Die Bezeichnung der einzelnen beitragspflichtigen Genossen

muß so genau sein, daß ein bloßer Auszug aus der Berechnung (109 Abs. 2) die Zwangsvollstreckung nach Z.P.O. 750 ermöglicht. Begr. II 117. Der einzuziehende Gesamtbetrag ist höher zu bemessen, als das bilanzmäßige Defizit erfordert, um Zusatzberechnungen in Folge von Ausfällen möglichst zu vermeiden.

[2] Dieser zweite Absatz ist in der Kommission entstanden, Komm.-Ber. 47. In die Nachschußberechnung (114) sind zahlungsunfähige Genossen nicht mit aufzunehmen.

[3] Aufstellung von Zusatzberechnungen 113.

§. 107.

Zur Erklärung über die Berechnung bestimmt das Gericht einen Termin, welcher nicht über zwei Wochen hinaus anberaumt werden darf. Derselbe ist öffentlich bekannt zu machen; die in der Berechnung aufgeführten Genossen sind besonders zu laden.[1]

Die Berechnung ist spätestens drei Tage vor dem Termine auf der Gerichtsschreiberei zur Einsicht der Betheiligten niederzulegen. Hierauf ist in der Bekanntmachung und den Ladungen hinzuweisen.[2]

Gz. 53, Entw. I 96, II 97, Komm. 97, Rtg. 100. Begr. I 178, II 117.

[1] K.O. 76, 77, Begr. II 118.

[2] Eine besondere Vorladung der Genossenschaftsorgane, des Konkursverwalters und des Gläubigerausschusses findet nicht statt (Begr. II 118).

§. 108.

In dem Termine sind Vorstand und Aufsichtsrath der Genossenschaft, sowie der Konkursverwalter und der Gläubigerausschuß und, soweit Einwendungen erhoben werden, die sonst Betheiligten zu hören.[1]

Das Gericht entscheidet über die erhobenen Einwendungen, berichtigt, soweit erforderlich, die Berechnung oder ordnet die Berichtigung an und erklärt die Berechnung für vollstreckbar. Die Entscheidung ist in dem Termine oder in einem sofort anzuberaumenden Termine, welcher nicht über eine Woche hinaus angesetzt werden soll, zu verkünden. Die Berechnung mit der sie für vollstreckbar erklärenden Entscheidung ist zur Einsicht der Betheiligten auf der Gerichtsschreiberei niederzulegen.

Gegen die Entscheidung findet ein Rechtsmittel nicht statt.[2]

Entw. I 97, II 98, Komm. 98, Rtg. 101. Begr. I 179, II 118.

[1] Können die Berichtigungen nicht sofort vom Gericht selbst vorgenommen werden, so hat es unter Aussetzung des Termins dem Verwalter die Berichtigung aufzugeben; es ist so lange zu verhandeln, bis eine zur Vollstreckbarerklärung geeignete Berechnung vorliegt. Illiquide Einwendungen gegen die Berechnung sind der Geltendmachung im Wege der Anfechtungsklage nach 111 und 112 zu überlassen. Begr. II 118.

[2] Anfechtung erfolgt nach 111.

§. 109.

Nachdem die Berechnung für vollstreckbar erklärt ist, hat der Konkursverwalter ohne Verzug[1] die Beiträge von den Genossen einzuziehen.

Die Zwangsvollstreckung gegen einen Genossen findet in Gemäßheit der Civilprozeßordnung auf Grund einer vollstreckbaren Ausfertigung der Entscheidung und eines Auszuges aus der Berechnung statt.

Für die in den Fällen der §§. 731, 767, 768 der Civilprozeßordnung zu erhebenden Klagen ist das Amtsgericht, bei welchem das Konkursverfahren anhängig ist, und, wenn der Streitgegenstand zur Zuständigkeit der Amtsgerichte nicht gehört, das Landgericht ausschließlich zuständig, zu dessen Bezirke der Bezirk des Konkursgerichts gehört.[2]

Gz. 65, Entw. I 98, II 99, Komm. 99, Rtg. 102. Begr. I 180, II 119 u. Komm.Ber. 48.

[1] Damit ist die Gewährung von Ratenzahlungen nicht ausgeschlossen; der Konkursverwalter hat bei der Einziehung so zu verfahren, wie dies nach der von ihm anzuwendenden Sorgfalt geboten ist (K.O. 82).

[2] Abs. 3 durch die Komm. eingefügt. Begr. II 119, Komm. Ber. 48. Z.P.O. 22.

§. 110.

Die eingezogenen Beträge sind bei der von der Gläubigerversammlung bestimmten Stelle (Konkursordnung §. 132) zu hinterlegen oder anzulegen.[1]

Entw. I 99, II 100, Komm. 100, Rtg. 103. Begr. I 181, II 119.

[1] Ueber zweckmäßige Anlage und Bildung eines Schutzvereins, Parisius u. Crüger 495 ff.

§. 111.

Jeder Genosse ist befugt, die für vollstreckbar erklärte Berechnung im Wege der Klage anzufechten. Die Klage ist gegen den Konkursverwalter zu richten. Sie findet nur binnen der Nothfrist eines Monats seit Verkündung der Entscheidung und nur insoweit statt, als der Kläger den Anfechtungsgrund in dem Termine (§. 107) geltend gemacht hat oder ohne sein Verschulden geltend zu machen außer Stande war.[1]

Das rechtskräftige Urtheil wirkt für und gegen alle beitragspflichtigen Genossen.[2]

Gz. 56, Entw. I 100, II 101, Komm. 101, Rtg. 104. Begr. I 181, II 119.

[1] Die Klage ist eine Feststellungsklage. (R.G. Bd. 14 S. 90. R.G. 7. 7. 1900, Bl.f.G. 1901 S. 84, Jurist. Wochenschr. 1900 S. 567.) „Das Gesetz ist vorwiegend für den kleineren und mittleren Gewerbe- und für den Arbeiterstand berechnet, und es läßt sich daher nicht annehmen, daß es der Absicht dieses Gesetzes entspricht, bei der Anwendung der hier in Frage stehenden Vorschrift Rechtsunkenntnis unter allen Umständen unberücksichtigt zu lassen." (R.G. Bd. 50 S. 127) Allgemein kann im Wege der Anfechtungsklage der Einwand erhoben werden, daß der Betreffende nicht oder nicht mehr Mitglied ist. (Parisius u. Crüger 497.)

[2] Sie können in dem Prozeß intervenieren. Z.P.O. 66.

§. 112.[1]

Die Klage ist ausschließlich bei dem Amtsgerichte zu erheben, welches die Berechnung für vollstreckbar erklärt hat.[2] Die mündliche Verhandlung erfolgt nicht vor Ablauf der bezeichneten Nothfrist. Mehrere Anfechtungsprozesse sind zur gleichzeitigen Verhandlung und Entscheidung zu verbinden.

Uebersteigt der Streitgegenstand eines Prozesses die sonst für die sachliche Zuständigkeit der Amtsgerichte geltende Summe, so hat das Gericht, sofern eine Partei in einem solchen Prozesse vor der Verhandlung zur Hauptsache darauf anträgt, durch Beschluß[3] die sämmtlichen Streitsachen an das Landgericht, in dessen Bezirke es seinen Sitz hat, zu verweisen. Gegen diesen Beschluß findet die sofortige Beschwerde statt. Die Nothfrist beginnt mit der Verkündung des Beschlusses.

Ist der Beschluß rechtskräftig, so gelten die Streitsachen als bei dem Landgerichte anhängig. Die im Verfahren vor dem Amtsgerichte erwachsenen Kosten werden als Theil der bei dem Landgerichte erwachsenen Kosten behandelt und gelten als Kosten einer Instanz.[4]

Die Vorschriften der Civilprozeßordnung §§. 769, 770 über die Einstellung der Zwangsvollstreckung und die Aufhebung der Vollstreckungsmaßregeln finden entsprechende Anwendung.[5]

Entw. I 101 u. II 102, Komm. 102, Rtg. 105. Begr. I 182, II 120, Komm.Ber. 48.

[1] Bezweckt wird, der Vervielfältigung selbständiger Anfechtungsprozesse und der Möglichkeit abweichender gerichtlicher Entscheidungen in denselben vorzubeugen. Begr. II 120.

[2] Also bei dem mit dem Konkursgericht identischen Amtsgericht. Ueber die Zuständigkeit des Landgerichts Abs. 2.

[3] Z.P.O. 506, R.G. Bd. 32 S. 395.

[4] Z.P.O. 506 Abs. 2.

[5] Die in Folge des Urteils erforderlich werdende Berechnung erfolgt im Wege der Zusatzberechnung (113).

§. 113.

Soweit in Folge des Unvermögens einzelner Genossen zur Leistung von Beiträgen der zu deckende Gesammtbetrag nicht erreicht wird, oder in Gemäßheit des auf eine Anfechtungsklage ergehenden Urtheils oder aus anderen Gründen die Berechnung abzuändern ist, hat der Konkursverwalter eine Zusatzberechnung aufzustellen. Rücksichtlich derselben kommen die Vorschriften in §§. 106 bis 112 zur Anwendung.[1]

Die Aufstellung einer Zusatzberechnung ist erforderlichenfalls zu wiederholen.

Gz. 57, Entw. I 102 u. II 103, Komm. 103, Rtg. 106. Begr. I 184, II 121, Komm.Ber. 49.

[1] Eine Zusatzberechnung ist nicht wegen bloßer Aenderungen in dem Bestand der Konkursmasse oder wegen der Wahrscheinlichkeit eines größeren oder geringeren als des ursprünglich veranschlagten Defizits aufzustellen. „Die Zusatzberechnung soll überhaupt nur stattfinden, wenn die Abänderung der Vorschußberechnung sich als notwendig herausstellt.“ Begr. II 121.

§. 114.

Sobald mit dem Vollzuge der Schlußvertheilung (Konkursordnung §. 161) begonnen wird, hat der Konkursverwalter in Ergänzung oder Berichtigung der Vorschußberechnung und der zu derselben etwa ergangenen Zusätze zu berechnen, wieviel die Genossen in Gemäßheit des §. 105 an Nachschüssen zu leisten haben.[1]

Die Berechnung (Nachschußberechnung) unterliegt den Vorschriften in §§. 106 bis 109, 111 bis 113, der Vorschrift im §. 106 Absatz 2 mit der Maßgabe, daß auf Genossen, deren Unvermögen zur Leistung von Beiträgen sich herausgestellt hat, Beiträge nicht vertheilt werden.

Entw. I 103 u. II 104, Komm. 104, Rtg. 107. Begr. I 185, II 122, Komm.Ber. 49.

[1] „Die Nachschußberechnung ist immer als eine Ergänzung oder Berichtigung der Vorschußberechnung und ihrer Zusätze in der Form einer Zusatzberechnung zu den früheren Berechnungen aufzustellen.“ „Sind weitere Beiträge über die in den früheren Berechnungen ausgeschriebenen Vorschüsse nicht erforderlich, so ist auch dies in der Nachschußberechnung kalkulatorisch darzulegen und

ebenso der von den einbezahlten Vorschüssen etwa zurückzugewährende Betrag festzustellen.“ Begr. II 122.

§. 115.

Der Verwalter hat, nachdem die Nachschußberechnung für vollstreckbar erklärt ist, unverzüglich den gemäß §. 110 vorhandenen Bestand und, so oft von den noch einzuziehenden Beiträgen hinreichender Bestand eingegangen ist, diesen im Wege der Nachtragsvertheilung (Konkursordnung §. 166) unter die Gläubiger zu vertheilen.[1]

Außer den Antheilen auf die im §. 168 der Konkursordnung bezeichneten Forderungen sind zurückzubehalten die Antheile auf Forderungen, welche im Prüfungstermine von dem Vorstande ausdrücklich bestritten worden sind. Dem Gläubiger bleibt überlassen, den Widerspruch des Vorstandes durch Klage zu beseitigen. Soweit der Widerspruch rechtskräftig für begründet erklärt wird, werden die Antheile zur Vertheilung unter die übrigen Gläubiger frei.[2]

Die zur Befriedigung der Gläubiger nicht erforderlichen Ueberschüsse hat der Konkursverwalter an die Genossen zurückzuzahlen.[3]

Entw. I 104, Entw. II 105, Komm. 105, Rtg. 108. Begr. I 186 II 125.

[1] Die Bestimmungen der Konkursordnung entscheiden darüber, wie die Nachschüsse zu verwenden sind (K.O. 166). Die Grundlage bildet das Schlußverzeichnis. Parisius u. Crüger 502.

[2] Das Urteil wirkt nur für die Nachschußmasse, nicht auch für die eigentliche Konkursmasse, es geht allein darauf, den Widerspruch für begründet oder unbegründet zu erklären.

[3] Die Rückzahlung erfolgt nach Verhältnis der Höhe der geleisteten Nachschüsse. Vgl. die Berechnungen bei Parisius u. Crüger 504 ff.

§. 116.

Eine Aufhebung des Konkursverfahrens durch Zwangsvergleich findet nicht statt.[1]

Eine Einstellung des Verfahrens ist erst zulässig, nachdem mit dem Vollzuge der Schlußvertheilung begonnen ist. Die Zustimmung aller bei der letzteren berücksichtigten Konkursgläubiger ist beizubringen.[2] Inwieweit es der Zustimmung oder der Sicherstellung von Gläubigern bedarf, deren Forderungen nicht festgestellt sind, entscheidet das Konkursgericht nach freiem Ermessen.[3]

Entw. I 105 u. II 106, Komm. 106, Rtg. 109. Begr. I 189, II 125.

[1] Gz. 51, Begr. II 125.

[2] Nach der Fassung des Abs. 2 ist jede andere Art der Aufhebung des Konkursverfahrens ausgeschlossen, namentlich auch wegen ungenügender Konkursmasse. Die formelle Aufhebung des Konkurses nach dessen ordnungsmäßiger Durchführung wird regelmäßig erst nach Beendigung des Nachschußverfahrens stattfinden.

[3] Ueber Aufhebung des Konkursverfahrens Parisius und Crüger 507.

§. 117.

Der Vorstand ist verpflichtet, den Konkursverwalter bei den diesem in §. 106 Absatz 1, §. 109 Absatz 1, §§. 113, 114 zugewiesenen Obliegenheiten zu unterstützen.

Entw. I 106 u. II 107, Komm. 107, Rtg. 110. Begr. I 191, II 126, Komm.Ber. 49.

§. 118.

Die in diesem Abschnitte hinsichtlich des Vorstandes getroffenen Bestimmungen gelten auch hinsichtlich der Liquidatoren.

Entw. I 106 u. II 107 (zweiter Absatz), Komm. 107 a, Rtg. 111. Begr. I 191, II 126, Komm.Ber. 49.

Achter Abschnitt.

Besondere Bestimmungen.

Vorbemerkung. Ueber die Einfügung der zweiten Art Genossenschaften mit unbeschränkter Haftpflicht, der Genossenschaften mit unbeschränkter Nachschußpflicht, vgl. Einleitung, außerdem Kommissionsberichte 8, 49—55 und stenographische Berichte der Reichstagssitzungen 45. vom 23. März und 46. vom 26. März (2. Beratung) und 52. vom 4. April 1889 (3. Beratung).

I. Für Genossenschaften mit unbeschränkter Haftpflicht.

§. 119.

Bei Genossenschaften mit unbeschränkter Haftpflicht darf ein Genosse nicht auf mehr als einen Geschäftsantheil betheiligt sein.[1]

Entw. I 107 u. II 108, Komm. 108, Rtg. 112. Begr. I 191, II 126. Komm.Ber. 54.

[1] Uebergangsbestimmung 163.

§. 120.*

Die Beitrittserklärungen (§. 15) müssen die ausdrückliche Bemerkung enthalten, daß die einzelnen Genossen

---

* Auf § 120, der im Gesetz von 1889 die Ordnungsnummer 113 hatte, folgte als §. 114:

„Ist durch das Statut die Gewinnverteilung ausgeschlossen

für die Verbindlichkeiten der Genossenschaft dieser sowie unmittelbar den Gläubigern derselben nach Maßgabe des Gesetzes mit ihrem ganzen Vermögen haften.[1]

Entw. I 108 u. II 109, Komm. 100, Rtg. 113. Begr. I 102, II 127, Komm.Ber. 55, A.B. 29.

[1] Wenn diese Bemerkung fehlt, ist die Beitrittserklärung ungültig. Begr. II 127, Komm.Ber. 55. Eine Beitrittserklärung sollte nur das unbedingt Notwendige enthalten. Jedes überflüssige Wort gibt Gelegenheit zu Irrtümern und Einwendungen. Formular: „Ich erkläre hierdurch meinen Beitritt zu dem unter der Firma „Vorschußverein (Konsumverein) zu X. eingetragene Genossenschaft mit unbeschränkter Haftpflicht" bestehenden Vorschußverein (Konsumverein), dessen einzelne Genossen für die Verbindlichkeiten der Genossenschaft dieser sowie unmittelbar den Gläubigern derselben nach Maßgabe des Gesetzes mit ihrem ganzen Vermögen haften."

(§ 20), so finden während des hierfür bestimmten Zeitraums auf das Ausscheiden der Genossen die Bestimmungen in den §§ 63 (jetzt 65) bis 75 (jetzt 77) mit der Maßgabe Anwendung, daß an Stelle des Geschäftsjahres das Quartal tritt und daß die Aufkündigung (§ 63 [jetzt 65] Abs. 2) mindestens sechs Wochen, sowie die Einreichung der Urkunden durch den Vorstand (§ 67 [jetzt 69]) mindestens drei Wochen vor dem Quartalsschluß erfolgen muß.

Im Falle des Ausscheidens ist eine Bilanz aufzustellen; die Zahl der mit dem Quartalsschluß ausgeschiedenen Genossen ist zu veröffentlichen."

In der Kommission für das Gesetz vom 12. August 1896 wurde „allgemein die Anschauung vertreten, daß gar kein Grund vorläge, die Vereine, welche die Dividendenverteilung ausschließen, anders zu behandeln, als alle übrigen" (Komm.Ber. 14) und Artikel 1, 6 erhielt folgende Bestimmung:

Der § 114 wird aufgehoben.

§. 121.[1]

Sobald sich bei der Geschäftsführung ergiebt, daß das Vermögen der Genossenschaft einschließlich des Reservefonds und der Geschäftsguthaben zur Deckung der Schulden nicht ausreicht, hat der Vorstand die Generalversammlung zur Beschlußfassung, ob die Genossenschaft aufgelöst werden soll, zu berufen.[2]

Für den Fall, daß die Auflösung beschlossen wird, ist zugleich die im §. 104 vorgesehene Beschlußfassung herbeizuführen.[3]

Entw. I 109 u. II 110, Komm. 110, Rtg. 115. Begr. I 108, II 127.

[1] Vgl. 99, 126, 140. Bestimmung gilt auch für G. m. u. N. aber nicht für G. m. b. H. Die Aufstellung einer Bilanz ist nicht erforderlich. Ueberschuldung 94, 140.

[2] Die Frage der Auflösung (78: ¾ Mehrheit) muß auf die Tagesordnung gestellt werden. Selbstverständlich können auf dieselbe auch Maßnahmen zur Erhaltung der E.G. z. B. Erhöhung des Geschäftsanteils vom Vorstand oder auf Verlangen des Aufsichtsrats oder der Genossen gesetzt werden. Begr. II 127.

[3] Da der Auflösungsbeschluß hier stets Konkurs zur Folge hat, so ist sofort über Neuwahl des Vorstandes und Aufsichtsrats zu beschließen, 104.

§. 122.[1]

Im Falle des Konkursverfahrens sind neben der Genossenschaft die einzelnen Genossen solidarisch und mit ihrem ganzen Vermögen den Konkursgläubigern[2] für den Ausfall verhaftet, welchen diese an ihren bei der Schlußvertheilung (Konkursordnung §. 161) berücksichtigten Forderungen bei derselben erleiden.[3]

Nach Ablauf von drei Monaten seit dem Termine, in welchem die Nachschußberechnung für vollstreckbar erklärt ist,[4] können die Gläubiger, soweit sie bisher nicht befriedigt sind, die einzelnen Genossen in Anspruch nehmen.[5]

Festgestellte Forderungen, welche im Prüfungstermine von dem Vorstande oder den Liquidatoren nicht ausdrücklich bestritten sind,[6] können auch von den in Anspruch genommenen Genossen nicht bestritten werden.[7]

Das rechtskräftige Urtheil, welches in dem Prozeß über eine im Prüfungstermine von dem Vorstande oder den Liquidatoren bestrittene Forderung für oder gegen dieselben ergeht, wirkt gegenüber allen Genossen.

In Ansehung einer im Konkursverfahren streitig gebliebenen Forderung kann, solange dieselbe nicht festgestellt ist, eine Verurtheilung der Genossen nicht erfolgen.

Entw. I 110 u. II 111, Komm. 111, Rtg. 116. Einf.Ges. z. H.G.B. Art. 10 XII. Begr. I 194—197, II 127—130, Komm.-Ber. 57.

[1] Vgl. die entsprechenden Bestimmungen in 128 u. 141, Begr. II 127 bis 130.

[2] Konkursgläubiger kann auch ein Genosse wegen seiner Forderung an die Genossenschaft sein (124). Parisius u. Crüger 514 für die sich hierbei ergebenden verschiedenen Fälle; wird der Genosse nicht nach Maßgabe 124 Gläubiger, so hat er volle Gläubigerrechte.

[3] Vgl. 105 Anm. 1 betr. die verschiedenen Arten der „berücksichtigten Forderungen". „Die sogenannte Garantiehaft der Genossen bildet ein Sicherungsmittel neben der indirekten Haftung (Nachschußpflicht); der Zweck beider ist der gleiche. Daher müssen auch für die Voraussetzungen und den Umfang des Anspruchs der Gläubiger

aus der direkten Haftpflicht die gleichen Grundsätze gelten, welche für die Befriedigung aus den Nachschüssen bestimmend sind. Zugelassen sind deshalb die und nur die bei der Schlußverteilung im Konkurse berücksichtigten Gläubiger und der Anspruch derselben beschränkt sich auf den Ausfall, den sie dort erleiden. Zinsen und Kosten, für welche Befriedigung im Konkurse nicht beansprucht werden kann, dürfen nicht gefordert werden." (Begr. II 127.) 105 — früher K.O. 197 (in der alten Fassung).

[4] Der Einzelangriff „sollte nicht früher zugelassen werden, als zu einem Zeitpunkt, in welchem bei ordnungsmäßigem Sachbetriebe das Nachschußverfahren im Wesentlichen erledigt sein muß". Da auf Grund der Nachschußberechnung „der Regel nach nur noch ein verhältnismäßig unbedeutender Restbetrag zur Deckung des Ausfalls der Gläubiger zu erheben sein wird, da in der Hauptsache die hierzu erforderlichen Beiträge schon während des Konkursverfahrens auf Grund der Vorschußberechnung und der Zusätze zu derselben eingezogen sein müssen", so hielt der Entw. die Frist von zwei Monaten für ausreichend, um die noch erforderlichen Nachschüsse beizutreiben. Die Komm. setzte hierfür drei Monate. (Begr. II 128, Komm.Ber. 57.)

[5] Der Anspruch ist nur durch Klage geltend zu machen (Begr. II 128 dag. K.O. 164). Ein Schlußsatz über die Nicht-Zulassung der Einrede der Teilung ist durch Einf.Ges. z. H.G.B. Art. 10 XII als überflüssig nach dem B.G.B. beseitigt.

[6] 115 Abs. 2.

[7] Es bezieht sich dies nur auf den Bestand der Forderung, nicht auf die individuelle Haftpflicht des Genossen.

§. 123.

Die Klage der Gläubiger gegen die einzelnen Genossen verjährt, sofern nicht nach Beschaffenheit der Forderung eine kürzere Verjährungsfrist gesetzlich eintritt, in zwei Jahren seit Ablauf der im §. 122 Absatz 2 bestimmten Frist.[1]

Die Verjährung zu Gunsten eines Genossen wird durch Rechtshandlungen unterbrochen, welche gegen die Genossenschaft[2] oder von derselben vorgenommen werden; sie wird nicht unterbrochen durch Rechtshandlungen, welche gegen einen anderen Genossen oder von demselben vorgenommen werden.[3]

Gz. 63, 64, 65, Entw. I 111 u. II 112, Komm. 112, Rtg. 117, Einf. Ges. z. H.G.B. Art. 10 XIII. Begr. I 197 bis 199, II 130, Komm.Ber. 57.

[1] Verjährung beginnt also mit dem Zeitpunkt, in welchem die Klage aus der direkten Haftpflicht erhoben werden kann. 123 bezieht sich nur auf die Verjährung der aus der direkten Haftpflicht der Genossen hervorgehenden Ansprüche. Für die Nachschußpflicht ist keine besondere Verjährung eingeführt. Begr. II 130. Verjährung für die Ausgeschiedenen 125. Betagte Forderungen gelten als fällig (K.O. 65), Forderungen unter auflösender Bedingung als unbedingt (K.O. 66), Forderungen unter aufschiebender Bedingung berechtigen nur zu einer Sicherung (K.O. 67).

[2] oder gegen die Konkurs- oder Nachschußmasse. Unterbrechung B.G.B. 208 ff.

[3] Ein dritter Absatz, der sich auf Rechte der Minderjährigen bezog, ist durch Einf.Ges. z. H.G.B. Art. 10 XIII als überflüssig nach dem B.G.B. beseitigt.

§. 124.

Soweit Genossen[1] in Gemäßheit des §. 122 Konkursgläubiger befriedigen, treten sie in die Rechte der letzteren gegen die Genossenschaft ein.[2]

Entw. I 112 u. II 113, Komm. 113, Rtg. 118. Begr. I 200, II 131.

[1] Auch ausgeschiedene Genossen.

[2] Nicht gegenüber den einzelnen Genossen. Sie können die Ansprüche nur im Wege des Nachschußverfahrens, nicht des Einzel-

angriffs geltend machen. 124 bezieht sich aber nur auf den Fall, daß ein Genosse in Folge Inanspruchnahme an die Stelle eines Gläubigers getreten ist (122 Anm. 2). Vgl. B.G.B. 426 für die Ausgeschiedenen, sie sind Korrealschuldner.

§. 125.

Die Bestimmungen der §§. 122 bis 124 finden auf die in den letzten zwei Jahren[1] vor der Eröffnung des Konkursverfahrens aus der Genossenschaft ausgeschiedenen Genossen (§§. 70, 76), welche nicht schon in Gemäßheit des §. 75 der Haftpflicht unterliegen, wegen der bis zu dem Zeitpunkte ihres Ausscheidens von der Genossenschaft eingegangenen Verbindlichkeiten mit der Maßgabe Anwendung, daß der Anspruch der Gläubiger erst nach Ablauf von sechs Monaten[2] seit dem Termine, in welchem die Nachschußberechnung (§. 114) für vollstreckbar erklärt ist, erhoben werden kann.

Dieser Anspruch erstreckt sich, wenn im Falle des Todes eines Genossen dessen Ausscheiden nach dem im §. 77 Absatz 1 bezeichneten Zeitpunkte eingetragen[3] ist, auf die bis zum Tage der Eintragung von der Genossenschaft eingegangenen Verbindlichkeiten, sofern nicht der Erbe beweist, daß bei ihrer Eingehung dem Gläubiger der Tod des Genossen bekannt war.[4]

Gz. 39 u. 63, Entw. I 71, 72 u. II 72, 73, Komm. 113 a Rtg. 119. Begr. I 154, II 102, Komm.Ber. 40 u. 57.

[1] Diese Haftpflicht der Ausgeschiedenen ist nicht eine der Unterbrechung ausgesetzte eigentliche Verjährung, sondern in der Weise befristet, daß sie nach Ablauf von zwei Jahren ohne Weiteres

erlischt, wenn nicht innerhalb derselben der Konkurs über die Genossenschaft eintritt. Begr. II 102, Komm.Ber. 40, 57.

[2] 122 Abs. 2.

[3] 77 Abs. 2.

[4] 162 Uebergangsbestimmung.

II. Für Genossenschaften mit unbeschränkter Nachschußpflicht.[1]

[1] 2 Abs. 2.

§. 126.

Die Bestimmungen des §. 119 über die Beschränkung der Betheiligung auf einen Geschäftsantheil und des §. 121 über die Berufung der Generalversammlung im Falle der Ueberschuldung finden auf die Genossenschaften mit unbeschränkter Nachschußpflicht Anwendung.

Komm. 113b, Rtg. 120, Komm.Ber. 58.

§. 127.

Die Beitrittserklärungen (§. 15) müssen die ausdrückliche Bemerkung enthalten, daß die einzelnen Genossen mit ihrem ganzen Vermögen verpflichtet sind, der Genossenschaft die zur Befriedigung der Gläubiger derselben erforderlichen Nachschüsse nach Maßgabe des Gesetzes zu leisten.[1]

Komm. 113c, Rtg. 121. A.B. 29.

[1] 120.

§. 128.

Ist im Falle der Eröffnung des Konkursverfahrens nach Ablauf von drei Monaten seit dem Termine, in welchem die Nachschußberechnung (§. 114) für vollstreckbar erklärt ist,[1] die Befriedigung oder Sicherstellung der im §. 105 Absatz 1 bezeichneten Konkursgläubiger noch nicht bewirkt, so sind die hierzu erforderlichen Beiträge von den innerhalb der letzten achtzehn Monate vor der Eröffnung des Konkursverfahrens ausgeschiedenen Genossen, welche nicht schon in Gemäßheit des §. 75 oder des §. 76 Absatz 4 der Nachschußpflicht unterliegen, nach Maßgabe des §. 105 zur Konkursmasse zu leisten.[2]

Komm. 113d, Rtg. 122.

[1] 114 Abs. 2.

[2] Haftung erstreckt sich auch auf sämtliche innerhalb der achtzehn Monate nach dem Ausscheiden entstandenen Verbindlichkeiten der Genossenschaft. Auch das Nachschußverfahren gegen die Ausgeschiedenen ist ein Teil des Konkursverfahrens.

§. 129.

Der Konkursverwalter hat ohne Verzug eine Berechnung über die Beitragspflicht der Ausgeschiedenen aufzustellen.

In der Berechnung sind dieselben namentlich zu bezeichnen und auf sie die Beiträge zu vertheilen, soweit nicht das Unvermögen Einzelner zur Leistung von Beiträgen vorauszusehen ist.

Im Uebrigen finden die Vorschriften in §. 106 Absatz 3, §§. 107 bis 109, 111 bis 113 und 115 entsprechende Anwendung.

Komm. 113e, Rtg. 123.

§. 130.

Durch die Bestimmungen der §§. 128, 129 wird die Einziehung der Nachschüsse von den in der Genossenschaft verbliebenen Genossen nicht berührt.

Aus den Nachschüssen der letzteren sind den Ausgeschiedenen die von diesen geleisteten Beiträge zu erstatten, sobald die Befriedigung oder Sicherstellung der sämmtlichen im §. 105 Absatz 1 bezeichneten Konkursgläubiger bewirkt ist.

Komm. 113 f, Rtg. 124.

III. Für Genossenschaften mit beschränkter Haftpflicht.

§. 131.

Bei Genossenschaften mit beschränkter Haftpflicht darf die Haftsumme[1] der einzelnen Genossen (§. 2) nicht niedriger als der Geschäftsantheil[2] sein.

Die Haftsumme muß bei Errichtung der Genossenschaft durch das Statut bestimmt werden. Die Bestimmung oder eine Abänderung derselben ist zu veröffentlichen (§§. 12, 16).

Entw. I 113 Abs. 1, 2 u. II 114 Abs. 1, 2, Komm. 114, Rtg. 125. Begr. I 201, II 132, Komm.Ber. 58, A.B. 15.

[1] Der persönlichen Haftpflicht der Genossen ist durch einen bestimmten, für alle Genossen an sich gleichen Höchstbetrag (Haftsumme) eine Grenze gezogen, über welche hinaus der Genosse weder von der Genossenschaft auf Leistung von Nachschüssen zur Deckung des Ausfalls der Gläubiger, noch von diesen direkt in Anspruch genommen werden kann. Haftpflicht und Geschäftsanteil sind ganz getrennt. Der Geschäftsanteil gehört weder selbst zur Haftsumme, noch verstärkt er dieselbe durch die auf die einzelnen Geschäftsanteile noch nicht eingezahlten Beträge (Begr. II 132).

[2] Die Haftsumme braucht nicht in einem Vielfachen des Geschäftsanteils zu bestehen.

§. 132.

Zu einer Erhöhung der Haftsumme[1] bedarf es einer Mehrheit von drei Viertheilen der in der Generalversammlung erschienenen Genossen. Das Statut kann noch andere Erfordernisse aufstellen.[2]

Entw. I 113 Abs. 3 u. II 114 Abs. 3, Komm. 114a, Rtg. 126. Begr. I 204, II 134. Komm.Ber. 58.

[1] Eine Erhöhung des Geschäftsanteils, durch welche derselbe den Betrag der bisher fixierten Haftsumme überschreitet, bewirkt ohne weiteres auch die Erhöhung der Haftsumme auf den nunmehrigen Betrag des Geschäftsanteils (Begr. II 134.) Eine Herabsetzung des Geschäftsanteils ist auf die Höhe der Haftsumme ohne Einfluß.

[2] „Noch andere Erfordernisse" d. h. noch weitere Erschwernisse.

§. 133.

Eine Herabsetzung der Haftsumme kann nur unter Beobachtung der Bestimmungen erfolgen, welche für die Vertheilung des Genossenschaftsvermögens im Falle der Auflösung maßgebend sind (§. 82 Absatz 2, §. 90 Absatz 1 bis 3).[1] Bekannte Gläubiger sind durch besondere Mittheilung zur Anmeldung aufzufordern.[2]

Die Anmeldung des Herabsetzungsbeschlusses zum Genossenschaftsregister erfolgt nicht vor Ablauf des im §. 90 Absatz 1 bezeichneten Jahres. Mit der Anmeldung sind die Bekanntmachungen des Beschlusses einzureichen. Zugleich hat der Vorstand die schriftliche Versicherung abzugeben, daß die Gläubiger, welche sich bei der Genossenschaft gemeldet und der Herabsetzung nicht zugestimmt haben, befriedigt oder sichergestellt sind.[3]

Entw. I 113 Abs. 4 u. II 114 Abs. 4, Komm. 114b, Rtg. 127. Einf.Ges. z. H.G.B. Art. 10 XIV. Begr. I 204, II 133, Komm.-Ber. 58.

[1] F.B. 108. Eine Herabsetzung der Haftsumme unter den Betrag

des Geschäftsanteils ist unzulässig und wirkungslos. Nur solche Gläubiger sind zu befriedigen oder sicherzustellen, die sich melden.

[2] Eingefügt durch Einf.Ges. z. H.G.B. Art. 10 XIV.

[3] Abs. 2 ist in der Kommission hinzugefügt (Komm.Ber. 58), er regelt die formelle Erledigung, Abs. 1 die materiellen Voraussetzungen. Anmeldung zur Zweigniederlassung 157, 160 Abs. 2.

§. 134.

Durch das Statut kann die Betheiligung des Genossen auf mehrere Geschäftsantheile, unter Festsetzung der höchsten Zahl derselben, gestattet werden.[1]

Die Bestimmung oder eine Abänderung derselben ist zu veröffentlichen (§§. 12, 16).[2]

Entw. I 114 u. II 115, Komm. 115, Rtg. 128. Begr. I 204, II 134, A.B. 15, 17, 30.

[1] Erwerb weiterer Geschäftsanteile 137. Das Statut kann auch den Erwerb z. B. von der Zustimmung des Vorstandes abhängig machen (136 Anm. 1). Das Statut kann auch den Genossen verpflichten, unter gewissen Voraussetzungen, insbesondere bei stärkerer Beteiligung am gemeinsamen Geschäft mehrere Geschäftsanteile zu erwerben. Bestimmung über Erwerb weiterer Geschäftsanteile kann nicht der Geschäftsordnung vorbehalten werden R.G. 19. 12. 1900, Bl.f.G. 1901 S. 128. Werden durch Aenderung des Statuts mehrere Geschäftsanteile zusammen gelegt, so sind die Bestimmungen betr. Herabsetzung der Haftsumme zu beachten.

[2] Ueber Beteiligung auf weitere Geschäftsanteile vgl. die verschiedenen Fälle Parisius u. Crüger 530.

§. 135.

Die Haftung eines Genossen, welcher auf mehr als einen Geschäftsantheil betheiligt ist, erhöht sich auf das der Zahl der Geschäftsantheile entsprechende Vielfache der Haftsumme.

Entw. I 115 u. II 116, Komm. 116, Rtg. 129.

§. 136.

Bevor der erste Geschäftsantheil erreicht ist, darf die Betheiligung des Genossen auf einen zweiten Geschäftsantheil seitens der Genossenschaft nicht zugelassen werden.[1] Das Gleiche gilt von der Zulassung zu jedem weiteren Geschäftsantheile.

Entw. I 116 u. II 117, Komm. 117, Rtg. 130. Begr. I 205, II 135.

[1] „Ob dem Genossen ein Anspruch hierauf zusteht, oder ob der Antrag nach freiem Ermessen von der Genossenschaft zurückgewiesen werden kann, bestimmt sich nach dem Statut." Begr. II 135.

§. 137.

Ein Genosse, welcher auf einen weiteren Geschäftsantheil betheiligt sein will, hat darüber eine von ihm zu unterzeichnende, unbedingte Erklärung abzugeben.

Die Erklärung ist von dem Vorstande nach der Zulassung des Genossen zu dem weiteren Geschäftsantheile behufs Eintragung des letzteren in die Liste der Genossen dem Gerichte (§. 10) einzureichen. Zugleich hat der Vorstand schriftlich zu versichern, daß die übrigen Geschäftsantheile des Genossen erreicht seien.[1]

Die Betheiligung auf den weiteren Geschäftsantheil tritt mit der in Gemäßheit der vorstehenden Absätze erfolgten Eintragung in Kraft.[2]

Im Uebrigen kommen die Vorschriften des §. 15 zur entsprechenden Anwendung.

Entw. I 117 u. II 118, Komm. 118, Rtg. 131. Begr. I 206, II 135. A.B. 7, 30.

[1] Unwahre Versicherung nach 147 strafbar.

[2] Vorher gemachte Einzahlungen begründen, so lange die Eintragung nicht erfolgt ist, keinen Gewinnanspruch. — Durch die Eintragung wird die erhöhte Haftpflicht unbedingt wirksam, gleichviel, ob mit der Bildung des neuen Guthabens bereits begonnen ist oder nicht. — Auf jeden neuen Geschäftsanteil und das auf demselben gebildete Geschäftsguthaben sind die Vorschriften 7 Nr. 2, 16, 19, 21, 22, 43 Abs. 2, 73, 91, 105 anzuwenden. — Es kann die Beteiligung mit mehreren Geschäftsanteilen gleichzeitig eingetragen werden, Johow, Bd. 20 S. 53 ff.

§. 138.

Eine Uebertragung des Geschäftsguthabens findet in dem Falle des §. 134 an einen anderen Genossen nur statt, sofern dessen bisheriges Guthaben mit dem ihm zuzuschreibenden Betrage die der höchsten Zahl der Geschäftsantheile entsprechende Gesammtsumme nicht übersteigt.[1] Hierauf ist die im §. 76 vorgesehene Versicherung des Vorstandes zu richten. Im Uebrigen verbleibt es bei den Bestimmungen im §. 137.

Entw. I 118 u. II 119, Komm. 119, Rtg. 132. Begr. I 206, II 138. A.B. 7, 31.

[1] „Soweit die Zuschreibung der übertragenen Guthaben die Bildung neuer Geschäftsanteile für den Erwerber nötig macht, bedarf es auch der in 137 vorgesehenen schriftlichen Erklärung desselben und der daselbst bezeichneten schriftlichen Versicherung des Vorstandes." Begr. II 137. Dies trifft aber nicht für den Fall zu, daß die Uebertragung sich auf ein Geschäftsguthaben bezieht, das sich aus mehreren Geschäftsanteilen zusammensetzt. Es bleibt dann nur die Erklärung, die Geschäftsanteile erwerben zu wollen, wenigstens soweit es sich um diese Geschäftsanteile

handelt (Parisius u. Crüger 423); auch läßt jetzt das Kammergericht den gleichzeitigen Erwerb mehrerer Geschäftsanteile zu (Johow Bd. 20 S. 55).

§. 139.

Mit der Bilanz eines jeden Geschäftsjahres ist außer den im §. 33 vorgesehenen Angaben über die Zahl der Genossen der Gesammtbetrag, um welchen in diesem Jahre die Geschäftsguthaben, sowie die Haftsummen der Genossen sich vermehrt oder vermindert haben, und der Betrag der Haftsummen zu veröffentlichen, für welche am Jahresschluß alle Genossen zusammen aufzukommen haben.[1]

Entw. I 119 u. II 120, Komm. 120, Rtg. 133. Begr. I 208, II 137.

[1] Die ausscheidenden Mitglieder sind am Jahresschluß nicht mehr Mitglieder (33), was auch für die Berechnung der Geschäftsguthaben und Haftsummen zu beachten ist.

§. 140.

Das Konkursverfahren findet bei bestehender Genossenschaft außer dem Falle der Zahlungsunfähigkeit in dem Falle der Ueberschuldung statt, sofern diese ein Viertheil des Betrages der Haftsummen aller Genossen übersteigt.[1] Der Vorstand hat, wenn eine solche Ueberschuldung sich aus der Jahresbilanz oder aus einer im Laufe des Jahres aufgestellten Bilanz[2] ergiebt, die Eröffnung des Konkursverfahrens zu beantragen.[3] Die Vorschriften des §. 99 Absatz 2, 3, §. 100 finden entsprechende Anwendung.

Entw. I 120 u. II 121, Komm. 121, Rtg. 134. Begr. I 209, II 137, Komm.Ber. 59.

[1] Komm.Ber. 59.

[2] Die Ueberschuldung muß sich aus einer Bilanz ergeben (anders 121, 126).
[3] Strafbestimmung 148 Ziffer 2.

§. 141.

Die einzelnen Genossen können über ihre Haftsumme hinaus weder auf Leistung von Nachschüssen, noch von den Konkursgläubigern in Anspruch genommen werden. Im Uebrigen finden auf den Anspruch der Gläubiger die Bestimmungen in §§. 122 bis 125 Anwendung.

Entw. I 121 u. II 122, Komm. 122, Rtg. 135. Begr. I 209, II 137.

§. 142.

Außer dem Falle des §. 90 kann in dem Falle, daß entgegen den Vorschriften in §§. 19, 22 der Gewinn oder das Geschäftsguthaben ausgezahlt wird, der Ersatzanspruch[1] gegen die Mitglieder des Vorstandes oder des Aufsichtsraths oder gegen die Liquidatoren von den Gläubigern der Genossenschaft, soweit sie von dieser ihre Befriedigung nicht erlangen können,[2] selbständig geltend gemacht werden. Dasselbe findet gegen die Mitglieder des Vorstandes oder die Liquidatoren statt, wenn nach dem Zeitpunkte, mit welchem die Verpflichtung zum Antrage auf Eröffnung des Konkursverfahrens eingetreten ist, eine Zahlung geleistet wird, rücksichtlich des Ersatzes derselben.

Die Ersatzpflicht wird den Gläubigern gegenüber dadurch nicht aufgehoben, daß die Handlung auf einem Beschlusse der Generalversammlung beruht.[3]

Entw. I 122 u. II 123, Komm. 123, Rtg. 136. Begr. I 210, II 138.

[1] Die Ersatzpflicht gegenüber der Genossenschaft ist in 34 Abs. 3, 41 Abs. 3, 89, 99, 141 geregelt. Der Bestimmung 142 entsprechen bei der Aktiengesellschaft H.G.B. 249, 241.

[2] Vorausklage ist nicht nötig.

[3] — weil einem solchen Beschlusse die Mitglieder des Vorstands und Aufsichtsrats die Folge versagen müssen, Begr. II 138.

IV. Für die Umwandlung von Genossenschaften.

§. 143.[1]

Eine Genossenschaft mit unbeschränkter Haftpflicht kann sich in eine solche mit unbeschränkter Nachschußpflicht nur unter Beobachtung der Bestimmungen umwandeln,[2] welche für die Vertheilung des Genossenschaftsvermögens im Falle der Auflösung maßgebend sind (§. 82 Absatz 2, §. 90 Absatz 1 bis 3).[3]

Dasselbe gilt von der Umwandlung einer Genossenschaft mit unbeschränkter Haftpflicht oder mit unbeschränkter Nachschußpflicht in eine solche mit beschränkter Haftpflicht.[4]

Die Vorschriften im §. 133 Absatz 2 finden entsprechende Anwendung.[5]

Entw. I 123 u. II 124, Komm. 124, Rtg. 137. Begr. I 211, II 138, Komm.Ber. 60 bis 62, A.B. 6, Ziff. 2, 17.

[1] Formulare für die Umwandlung F.B. 101 ff.

[2] Der Beschluß auf Umwandlung ist eine Statutänderung (16) und erfordert die weiteren mit der Aenderung der Haftpflicht verbundenen Statutänderungen. „Beobachtung der Bestimmungen" u. s. w. bedeutet nur, daß der Beschluß auf Umwandlung in gleicher Weise wie bei der Auflösung vom Vorstande dreimal in den für die genossenschaftlichen Bekanntmachungen bestimmten Blättern zu ver-

öffentlichen ist unter der Aufforderung an die Gläubiger, sich zu melden, daß erst nach Ablauf eines Jahres seit der dritten Bekanntmachung der Beschluß rechtswirksam wird durch die nach Befriedigung oder Sicherstellung der Gläubiger erfolgte Eintragung in das Genossenschaftsregister.

[3] Vgl. 22 u. 133.

[4] Bei der Umwandlung in eine G. mit beschränkter Haftpflicht sind gleichzeitig mit dem Umwandlungsbeschluß der Beschluß über die Höhe der Haftsumme zur Eintragung und die weiteren erforderlich gewordenen Statutänderungen anzumelden.

[5] Zweigniederlassung 157. Ordnungsstrafen 160.

§. 144.

Zu dem Beschluß auf Umwandlung einer Genossenschaft mit unbeschränkter Nachschußpflicht in eine solche mit unbeschränkter Haftpflicht oder einer Genossenschaft mit beschränkter Haftpflicht in eine solche mit unbeschränkter Haftpflicht oder mit unbeschränkter Nachschußpflicht[1] bedarf es einer Mehrheit von drei Viertheilen der in der Generalversammlung erschienenen Genossen. Das Statut kann noch andere Erfordernisse aufstellen.[2]

Komm. 124 a, Rtg. 138. Komm.Ber. 60 bis 62, A.B. 6 Ziffer 2, 17.

[1] Formulare F.B. 101 ff.

[2] Erschwernisse.

§. 145.

Die Umwandlung (§§. 143, 144) ist auch gegenüber den vor der Eintragung des Beschlusses in das Genossenschaftsregister aus der Genossenschaft Ausgeschiedenen wirksam.[1]

Im Falle der Umwandlung einer Genossenschaft mit unbeschränkter Nachschußpflicht können dieselben für die

Verbindlichkeiten der Genossenschaft nicht in Anspruch genommen werden, sofern ihr Ausscheiden früher als achtzehn Monate vor der Eintragung erfolgt ist. Im Falle der Umwandlung einer Genossenschaft mit beschränkter Haftpflicht bleibt der Anspruch gegen sie auf ihre bisherige Haftsumme beschränkt.[2]

Komm. 124b, Rtg. 139. Begr. I 211 u. II 138, 139, Komm.-Ber. 60 bis 62.

[1] — aber doch nicht zu neuer Belastung. Trotz des Wortlauts ist nicht anzunehmen, daß bei Umwandlung einer E.G. mit unbeschränkter Haftpflicht in eine E.G. mit unbeschränkter Nachschußpflicht dem vorher Ausgeschiedenen die Haftpflicht für alle von der Genossenschaft vom siebenten bis achtzehnten Monate nach seinem Ausscheiden übernommenen Verpflichtungen neu erwachse. Die bis zur Umwandlung in eine G. m. u. H. oder G. m. u. N. Ausgeschiedenen haften zwar nach den Grundsätzen der neuen Haftform, aber niemals über den Betrag ihrer Haftsumme hinaus. Vgl. für die einzelnen Fälle Parisius u. Crüger 546 ff.

[2] Vgl. Begr. II 138, 139 und Komm.Ber. 60 bis 62.

Neunter Abschnitt.

Strafbestimmungen.

§. 146.

Mitglieder des Vorstandes und des Aufsichtsraths und Liquidatoren werden, wenn sie absichtlich zum Nachtheile der Genossenschaft handeln, mit Gefängniß und zugleich mit Geldstrafe bis zu dreitausend Mark bestraft.[1]

Zugleich kann auf Verlust der bürgerlichen Ehrenrechte erkannt werden.

Entw. I 124 u. II 125, Komm. 125, Rtg. 140. Begr. I 212, II 139, Komm.Ber. 63.

[1] St.G.B. 266. Die Handlungen können auch in einem Unterlassen liegen. „Absichtlich" bedeutet nur „vorsätzliches" Handeln mit dem Bewußtsein, daß die Handlung objektiv nachteilig ist.

§. 147.

Mitglieder des Vorstandes und des Aufsichtsraths und Liquidatoren werden mit Gefängniß bis zu einem Jahre und zugleich mit Geldstrafe bis zu dreitausend Mark bestraft, wenn sie in den von ihnen dem Gerichte (§. 10) zu machenden Anmeldungen, Anzeigen und Versicherungen wissentlich falsche Angaben machen, oder in ihren Darstellungen, ihren Uebersichten über den Vermögensstand der Genossenschaft, über die Mitglieder und die Haftsummen, oder den in der Generalversammlung gehaltenen Vorträgen den Stand der Verhältnisse der Genossenschaft wissentlich unwahr darstellen.[1]

Zugleich kann auf Verlust der bürgerlichen Ehrenrechte erkannt werden.

Sind mildernde Umstände vorhanden, so tritt ausschließlich die Geldstrafe ein.

Gz. 67, 68, Entw. I 125 u. II 126, Komm. 126, Rtg. 141. Begr. I 213, II 140.

[1] St.G.B. 271. Bei der Beurteilung der Tat wird die Geschäftsunkundigkeit strafausschließend wirken. Strafe kommt zur Anwendung ohne Rücksicht auf den Zweck der Handlung — bei Böswilligkeit St.G.B. 272 — H.G.B. 314.

§. 148.

Mit Geldstrafe bis zu sechshundert Mark oder mit Gefängniß bis zu drei Monaten oder mit beiden Strafen zugleich werden bestraft:

1. die Mitglieder des Vorstandes und des Aufsichtsraths und die Liquidatoren, wenn länger als drei Monate die Genossenschaft ohne Aufsichtsrath geblieben ist, oder in dem letzteren die zur Beschlußfähigkeit erforderliche Zahl von Mitgliedern gefehlt hat;
2. die Mitglieder des Vorstandes oder die Liquidatoren, wenn entgegen den Vorschriften in §§. 99, 118, 140 der Antrag auf Eröffnung des Konkursverfahrens unterlassen ist.

Die Strafe tritt nicht gegen denjenigen ein, welcher nachweist, daß die Unterlassung ohne sein Verschulden geschehen ist.

Entw. I 126 u. II 127, Komm. 127, Rtg. 142. Begr. I 214, II 140, Komm.Ber. 63.

§. 149.

Mitglieder des Vorstandes werden mit Geldstrafe bis zu sechshundert Mark bestraft, wenn ihre Handlungen auf andere als die im §. 1 erwähnten geschäftlichen Zwecke gerichtet sind, oder wenn sie in der Generalversammlung die Erörterung von Anträgen gestatten oder nicht hindern, welche auf öffentliche Angelegenheiten gerichtet sind, deren Erörterung unter die Gesetze über das Versammlungs- und Vereinsrecht fällt.[1]

Gz. 27, Entw. I 127 u. II 128, Komm. 128, Rtg. 143. Begr. I 215, II 141.

[1] In 149 ist der § 27 Abs. 2 des Gz. unverändert wiedergegeben. Ueber die Entstehung und Bedeutung des § 27 des

alten Gesetzes vgl. Parisius 311 ff., Parisius u. Crüger 552 ff. Daß alle auf andere Zwecke gerichtete Handlungen für strafbar erklärt sind, ist ungefährlich, so lange man es mit wohlwollenden Behörden zu tun hat.

§. 150.

Die Mitglieder des Vorstandes eines Revisionsverbandes werden, wenn unterlassen ist, die Versammlung in Gemäßheit des §. 59 Absatz 2 anzuzeigen, mit Geldstrafe bis zu sechshundert Mark bestraft.

Die Strafe tritt nicht gegen denjenigen ein, welcher nachweist, daß die Unterlassung ohne sein Verschulden geschehen ist.

Komm. 129a, Rtg. 144. Komm.Ber. 64.

§. 151.

Wer sich besondere Vortheile dafür hat gewähren oder versprechen lassen, daß er bei einer Abstimmung in der Generalversammlung in einem gewissen Sinne stimme, wird mit Geldstrafe bis zu dreitausend Mark, oder mit Gefängniß bis zu einem Jahre bestraft.[1]

Entw. I 129 u. II 130, Komm. 130, Rtg. 145. Begr. I 215, II 141.

[1] K.O. 243, H.G.B. 317. Wer den Vorteil gewährt, ist als Anstifter strafbar.

§. 152.

Personen, welche für einen Konsumverein den Waarenverkauf bewirken, werden, wenn sie der Vorschrift des §. 8 Absatz 4 zuwider wissentlich oder ohne Beobachtung der nach §. 31 von dem Vorstande erlassenen Anweisung Waaren an andere Personen als an Mitglieder oder deren Vertreter verkaufen, mit Geldstrafe bis zu einhundertfünfzig Mark bestraft.[1]

Gleiche Strafe trifft das Mitglied, welches seine Legitimation, durch die es zum Waarenkauf in einem Konsumverein oder bei einem mit diesem wegen Waarenabgabe an die Mitglieder in Verbindung stehenden Gewerbetreibenden[2] berechtigt wird, einem Dritten zum Zweck unbefugter Waarenentnahme überläßt.

Dritte, welche von solcher Legitimation zu demselben Zweck Gebrauch machen, oder auf andere Weise zu unbefugter Waarenabgabe zu verleiten unternehmen, werden in gleicher Weise bestraft.[3]

Nov. Entw. Art. 2, Komm. 1, 8, Rtg. 1, 7.

[1] Voraussetzung ist also durch die Bezugnahme, daß der Konsumverein einen offenen Laden hat und daß der Verkauf im regelmäßigen Geschäftsverkehr erfolgt. Voraussetzung ist, daß die von dem Vorstand erlassene Anweisung (31) dem Gesetze genügt; der Verkäufer kann sich z. B. nicht auf eine Anweisung berufen, die entgegen dem Gesetz den Verkauf an Nichtmitglieder zuläßt. Straflos ist auch folglich Verkauf zur Probe, in einer Notlage u. dergl. mehr. Die Strafbestimmung gibt der Behörde keine Kontroll-Befugnis.

[2] Die Worte „oder bei einem mit diesem wegen Warenabgabe an die Mitglieder in Verbindung stehenden Gewerbetreibenden berechtigt wird" sind in der Kommission (Gesetz von 1896) eingeschoben. Zum Warenkauf bei den Lieferanten ist jedermann berechtigt; eine Legitimation würde nur zur Empfangnahme von Dividendenmarken erforderlich sein. (Komm.Ber. 8.) Keine Strafbestimmung gegen die im Lieferantenverkehr mit den Konsumvereinen stehenden Kaufleute und Gewerbetreibende. Anscheinend nicht berücksichtigt ist, daß die „Anweisung" nur für Konsumvereine mit offenen Läden erforderlich ist (31).

[3] Diese Bestimmung soll die Konsumvereine davor schützen, daß Gegner durch Täuschung der Angestellten vom Konsumverein Waren beziehen, um wegen Uebertretung des Verbots der Warenabgabe an Nichtmitglieder zu denunzieren.

§. 153.[1]

Mit Geldstrafe bis zu einhundertfünfzig Mark wird bestraft, wer Waaren, die er aus dem Konsumverein oder von einem mit diesem wegen Waarenabgabe in Verbindung stehenden Gewerbetreibenden auf Grund seiner Mitgliedschaft[2] bezogen hat, gegen Entgelt[3] gewohnheitsmäßig[4] oder gewerbsmäßig[5] an Nichtmitglieder veräußert.

Diese Bestimmung findet keine Anwendung:

1. wenn ein Mitglied eines Konsumvereins die von ihm bezogenen Waaren in seiner Speiseanstalt oder an seine Kostgänger zum alsbaldigen persönlichen Verbrauch abgiebt;[6]
2. wenn ein Konsumverein, welcher Mitglied eines anderen Konsumvereins ist, die aus letzterem bezogenen Waaren an seine Mitglieder abgiebt.

Nov. Entw. Art. 2, Komm. 1, 8, Rtg. 1, 7.

[1] Der Umgehung des Verbots der Warenabgabe an Nichtmitglieder soll vorgebeugt werden. (Gesetz vom 12. August 1896.)

[2] Mitgliedschaft einer eingetragenen Genossenschaft.

[3] „Gegen Entgelt" kann im Zusammenhang mit „veräußert" nur bedeuten, daß ein besonderer Vorteil erzielt wird. Der Empfang von Dividendenmarken ist als besonderer Vorteil zu betrachten. Die Angestellten des Konsumvereins sind nicht strafbar, wenn sie nicht nach dem Zweck der Warenentnahme fragen.

[4] Eine nicht gewerbsmäßige gelegentliche, also nicht gewohnheitsmäßige Abgabe von Waren an Nichtmitglieder gegen Entgelt ist gestattet.

[5] Dahin gehören nach der Begr. Botenfrauen, Dienstmädchen. Zu dem Begriff des Konsumvereins gehört Ablaß im kleinen. Ebenso wie die Genossenschaft aufhört Konsumverein zu sein, wenn sie selbständig produziert, so ändert sie auch ihr Wesen, wenn sie Waren im großen abgibt. Daher unterliegen der Strafbestimmung nicht z. B. Gewerbetreibende, die die Waren aus dem „Konsumverein" beziehen.

[6] Den Kostgängern sind auch Schlafburschen und Zimmermieter gleich zu achten, die von ihren Hauswirten „zum alsbaldigen persönlichen Verbrauch" aus dem Konsumverein bezogene Waren erhalten (Komm.Ber. 9). Alle Restaurationen und Gasthäuser (Hotels) sind Speiseanstalten.

§. 154.

Zuwiderhandlungen gegen die Vorschrift des §. 32 werden mit Geldstrafe bis zu einhundertfünfzig Mark bestraft.

Nov. Komm. Art. 1, 8, Rtg. Art. 1, 7.

Zehnter Abschnitt.

Schlußbestimmungen.

§. 155.

In bürgerlichen Rechtsstreitigkeiten, in welchen durch Klage oder Widerklage ein Anspruch auf Grund der Bestimmungen dieses Gesetzes geltend gemacht ist, wird die Verhandlung und Entscheidung letzter Instanz im Sinne des §. 8 des Einführungsgesetzes zum Gerichtsverfassungsgesetze dem Reichsgerichte zugewiesen.

Entw. I 130 u. II 131, Komm. 131, Rtg. 146. Begr. I 215, II 141.

§. 156.

Die Vorschriften in §§. 9 bis 11 des Handelsgesetzbuchs finden auf das Genossenschaftsregister Anwendung.[1] Die Eintragungen sind durch den Deutschen Reichsanzeiger bekannt zu machen. Die anderen Blätter hat das Gericht zu bestimmen,[2] für kleinere Genossenschaften[3] nur ein anderes Blatt.[4]

Gz. 4, 8, Entw. I 131 u. II 132, Komm. 132, Rtg. 147. Begr I 216, II 141 ff., Komm.Ber. 64, A.B. 5.

[1] Das Genossenschaftsregister ist öffentlich. Die Einsicht desselben ist während der gewöhnlichen Dienststunden einem jeden gestattet. Von den Eintragungen kann gegen Erstattung der Kosten eine Abschrift gefordert werden.

[2] Im Monat Dezember für das nächstfolgende Jahr. Geht ein Blatt ein, so hat das Gericht ein anderes zu bestimmen und öffentlich bekannt zu machen. A.B. 4 ff., F.B. 11 ff. Vgl. die Zusammenstellung des Reichs-Justizamts im Reichsanzeiger Parisius u. Crüger 562.

[3] Für die Entscheidung, ob eine G. zu den kleineren zu zählen sei, ist A.B. 5 Abs. 3 maßgebend.

[4] Bei der Auswahl des Blattes ist „hauptsächlich auf seine Verbreitung im Gerichtsbezirke Gewicht zu legen". A.B. 5 Abs. 3. — Auch für die größeren Genossenschaften brauchen neben dem Reichsanzeiger nicht zwei oder mehr Blätter bestimmt zu werden.

§. 157.

Die Anmeldungen[1] zum Genossenschaftsregister sind durch sämmtliche Mitglieder des Vorstandes oder sämmtliche Liquidatoren persönlich zu bewirken oder in beglaubigter Form einzureichen.[2]

Die in §§. 16, 28, §. 33 Absatz 2, §. 51 Absatz 5, §. 63 Absatz 2, §. 84, §. 85 Absatz 2 vorgeschriebenen

Anmeldungen und Einreichungen müssen auch zu dem Genossenschaftsregister einer jeden Zweigniederlassung erfolgen.[3 4]

Entw. I 132 u. II 133, Komm. 133, Rtg. 148. Einf.Ges. z. H.G.B. Art. 10 XV. (Vgl. Ges. von 1868 18, 23, 41.) A.B. 6, 19. Begr. I 271, II 142.

[1] Anmeldungen kommen vor 11, 14, 16, 28, 78, 79, 84, 85, 155 (Uebergangsbestimmung); Anzeigen, Einreichungen und Versicherungen 15, 33, 51, 61, 69, 71, 76, 77, 89, 137, 138, 164, und 169 (Uebergangsbestimmungen) können mündlich oder schriftlich nach Maßgabe der Bestimmungen 24 erfolgen. (Begr. II 142.)

[2] Diese Beglaubigung „braucht nicht notwendig eine gerichtliche oder notarielle zu sein; vielmehr wird auch die Vidimierung durch eine andere Staats- oder eine Gemeindebehörde genügen, welche hierzu nach den bestehenden Einrichtungen befugt ist. Das Nähere hierüber bleibt der Ausführungsverordnung vorbehalten." (Begr. II 142.) A.B. 8. Nach 147, 129 Frw.Ger. ist der Notar, von dem die erforderliche Erklärung beurkundet oder beglaubigt ist, ermächtigt, im Namen des zur Anmeldung Verpflichteten die Eintragung zu beantragen; diese Bestimmung gilt nach A.B. 6.

[3] Vgl. Gz. 7. Von der Regel, daß die Anmeldungen und Einreichungen durch Vorstand und Liquidatoren zu geschehen haben, zwei Ausnahmen in 158.

[4] 157 hatte in dem Gesetz von 1889 noch einen 3. Absatz über den Eintritt der Wirkung bei Eintragungen in das Genossenschaftsregister der Haupt- und der Zweigniederlassung. Die Bestimmung ist fortgefallen durch das Einf.Ges. zum H.G.B. mit Rücksicht auf H.G.B. 15 Abs. 3.

§. 158.*

Von der Eintragung eines beitretenden Genossen, der Eintragung oder Vormerkung des Austritts, der

* Auf § 158, der im Gesetz von 1889 die Ordnungsnummer 149 hatte, folgte als § 150:

Ausschließung oder des Todes von Genossen, sowie von der Eintragung weiterer Geschäftsantheile in die Liste der Genossen hat das Gericht (§. 10) dem Gerichte einer jeden Zweigniederlassung zur Berichtigung der dort geführten Liste Mittheilung zu machen.

Imgleichen ist die Eintragung der Auflösung einer Genossenschaft, sowie der Eröffnung des Konkursverfahrens zu dem Genossenschaftsregister einer jeden Zweigniederlassung mitzutheilen.

Entw. I 134 u. II 135, Komm. 135, Rtg. 149. A.B. 19 ff. Begr. I 218, II 143.

§. 159.

Gebühren für die Verhandlung und Entscheidung erster Instanz über die in vorstehendem Paragraphen bezeichneten Anträge, sowie für die Eintragungen und Vormerkungen werden nicht erhoben. Die Erhebung von Auslagen findet nach §§. 79, 80 und 80b des Gerichtskostengesetzes statt.[1]

Gz. 69, Entw. I 135 u. II 136, Komm. 136, Rtg. 151. Begr. I 218, II 143.

[1] Vgl. Bl.f.G. 1900 S. 428 die Zusammenstellung über die Behandlung der Gebühren in den einzelnen Staaten.

„Gegen die Entscheidung über Anträge auf Eintragung in das Genossenschaftsregister oder die Liste der Genossen oder auf Vormerkung in der letzteren finden die Rechtsmittel statt, welche gegen die Entscheidung über Eintragungen in das Handelsregister zulässig sind."

Entw. I 134, II u. Rtg. 150.

Die Bestimmung ist durch Frw.Ger. 187 aufgehoben. Das Rechtsmittelverfahren ist jetzt durch Frw.Ger. 19 und 148 geordnet.

§. 160.

Die Mitglieder des Vorstandes sind von dem Gerichte (§. 10) zur Befolgung der in §. 8 Absatz 2, §. 14, §§. 28, 30, §. 61 Absatz 2, §. 63, §. 78 Absatz 2, §. 79 Absatz 2 enthaltenen Vorschriften durch Ordnungsstrafen anzuhalten; die einzelne Strafe darf den Betrag von dreihundert Mark nicht übersteigen. In gleicher Weise sind die Mitglieder des Vorstandes und die Liquidatoren zur Befolgung der im §. 33 Absatz 2, §. 47, §. 48 Absatz 2, §. 51 Absatz 4 und 5, §. 84, §. 85 Absatz 2, §. 89, §. 157 Absatz 2 enthaltenen Vorschriften anzuhalten.

Rücksichtlich des Verfahrens sind die Vorschriften maßgebend, welche zur Erzwingung der im Handelsgesetzbuch angeordneten Anmeldungen zum Handelsregister gelten.[1]

Gz. 66, Entw. I 136 u. II 137, Komm. 137, Rtg. 152, Einf.Ges. z. H.G.B. Art. 10 XVI. Begr. I 219, II 144, Komm.Ber. 64.

[1] Das Verfahren bei Verhängung der Ordnungsstrafe ist einheitlich geregelt durch Frw.Ger. 132ff. Voraussetzung der Androhung der Ordnungsstrafe ist, daß das Gericht in glaubhafter Weise von der Nichtbefolgung einer gesetzlichen Anordnung Kenntnis erhält. Der § 160 gibt also keineswegs dem Gericht ein Aufsichtsrecht über die Genossenschaft. Vgl. Parisius u. Crüger 568ff.

§. 161.

Die zur Ausführung der Vorschriften über das Genossenschaftsregister und die Anmeldungen zu demselben erforderlichen Bestimmungen werden von dem Bundesrath erlassen.[1]

Welche Behörden in jedem Bundesstaate unter der Bezeichnung Staatsbehörde (§. 47) und höhere Verwaltungsbehörde (§§. 58, 59, 61, 81) zu verstehen sind, wird von der Zentralbehörde des Bundesstaates[2] bekannt gemacht.[3]

Entw. I 155 u. II 156, Komm. 156, Rtg. 171. Begr. I 232, II 152.

[1] S. die nachfolgende Bekanntmachung des Bundesrats vom 1. Juli 1899.

[2] Begr. II 152; es wird darauf verwiesen, daß gleichermaßen die Bestimmung der Behörden auch im § 155 der Gewerbeordnung den Landesregierungen überlassen sei.

[3] Diese Bekanntmachungen der Zentralbehörden sind abgedruckt bei Parisius u. Crüger 604 ff. Nach den Vollzugstagen ist ihre Reihe folgende: 1889: 6. Juni Hessen, 24. Juli Bayern, 29. Juli Schwarzburg-Sondershausen, 31. Juli Schaumburg-Lippe, 2. August Reuß j. L., 4. August Reuß ä. L., 11. August Württemberg, 14. August Sachsen, 16. August Waldeck, 19. August Schwarzburg-Rudolstadt, 29. August Braunschweig, 30. August Sachsen-Weimar, 3. Septbr. Sachsen-Altenburg, 11. Septbr. Lübeck, 13. Septbr. Hamburg, 18. Septbr. Sachsen-Coburg-Gotha, 25. Septbr. Mecklenburg-Schwerin und Mecklenburg-Strelitz, 27. Septbr. Baden, 28. Septbr. Elsaß-Lothringen, 8. Oktober Bremen, 11. Oktober Sachsen-Meiningen, 14. Oktober Oldenburg, 12. Dezbr. Anhalt, 18. Dezbr. Preußen, 1890: 16. April Fürstentum Lippe.

Uebergangsbestimmungen.

Vorbemerkung.

Durch Art. 13 des Einführungsgesetzes zum Handelsgesetzbuch ist der „Reichskanzler ermächtigt, die Texte des Gesetzes betreffend die Erwerbs- und Wirtschaftsgenossenschaften .... wie sie sich aus den in dem Artikel 10 .... vorgesehenen Aenderungen ergeben, durch das Reichs-Gesetzblatt bekannt zu machen. Hierbei sind die in den bezeichneten Gesetzen enthaltenen Verweisungen auf Vorschriften des Allgemeinen deutschen Handelsgesetzbuchs durch Verweisungen auf die nach Art. 3 des gegenwärtigen Gesetzes an die Stelle jener Vorschriften tretenden neuen Vorschriften zu ersetzen." Der Reichskanzler hat sich in der hierauf erfolgten Bekanntmachung des Gesetzes betreffend die Erwerbs- und Wirtschaftsgenossenschaften nicht beschränkt, er hat auch die Bestimmungen der Novelle von 1896 in das Gesetz eingefügt und die Paragraphenzahlen entsprechend geändert, er hat fortgelassen den § 150 des Gesetzes (in der Fassung von 1889), der durch § 187 des Gesetzes über die Angelegenheiten der freiwilligen Gerichtsbarkeit aufgehoben ist, er hat nicht aufgenommen den Art. 2 der Novelle von 1896 und endlich er hat fortgelassen die Uebergangsbestimmungen, die das Gesetz von 1889 enthält, ohne daß dies irgendwo begründet ist. Was die ersten Punkte anlangt, so handelt es sich um redaktionelle Aenderungen, deren Zulässigkeit ja zweifelhaft sein kann und zu deren Vornahme keine gesetzliche Ermächtigung vorliegt, die aber an sich rechtlich bedeutungslos sind. — Sind nun aber die „Uebergangsbestimmungen" durch die Nichtaufnahme in die nach Maßgabe des Art. 13 des Einführungsgesetzes zum H.G.B. erfolgte Bekanntmachung aufgehoben? Es kann kein Zweifel darüber bestehen, daß dies nicht der Fall ist, sie bestehen fort, ebenso wie die Ueberschrift des Gesetzes von 1889 und dessen Schlußsatz. Die Uebergangsbestimmungen haben auch noch keineswegs ihre tatsächliche Bedeutung verloren, wie eine nicht kleine Anzahl Prozesse ergeben. Wir lassen daher nachstehend die „Uebergangsbestimmungen" des Gesetzes vom 1. Mai 1889 folgen. es sind die §§ 153 bis 170, § 172. Der § 171 hat die Ordnungsnummer § 161 in der Bekanntmachung des Gesetzes erhalten.

§. 153.

Das Gesetz, betreffend die privatrechtliche Stellung der Erwerbs- und Wirthschaftsgenossenschaften, vom 4. Juli 1868 (Bundes-Gesetzbl. S. 415) mit der Deklaration vom 19. Mai 1871 (Reichs-Gesetzbl. S. 101), sowie die Vorschriften in §§. 195 bis 197 der Konkursordnung und im §. 3 Absatz 4 des Einführungsgesetzes zu derselben werden aufgehoben. Unberührt bleibt die Vorschrift im §. 6 des letzteren Gesetzes.

Wo in anderen Gesetzen auf die Bestimmungen des Gesetzes vom 4. Juli 1868 Bezug genommen ist, treten an deren Stelle die entsprechenden Bestimmungen des gegenwärtigen Gesetzes.

Entw. I 137 u. II 138, Komm. 138, Rtg. 153, Begr. I 220, II 145.

§. 154.

Auf die in Gemässheit des Gesetzes vom 4. Juli 1868 eingetragenen Genossenschaften findet das gegenwärtige Gesetz mit den in den nachfolgenden Paragraphen enthaltenen Massgaben Anwendung.

Entw. I 138 u. II 139, Komm. 139, Rtg. 154. Begr. I 220, II 144.

§. 155.

Die Genossenschaften haben in die Firma die zusätzliche Bezeichnung: „eingetragene Genossenschaft mit unbeschränkter Haftpflicht“ aufzunehmen. Zur Anmeldung dieses Zusatzes ist der Vorstand von dem Gerichte (§§. 10, 14) durch Ordnungsstrafen in Gemässheit des §. 152 (jetzt 160) anzuhalten.

Entw. I 139 u. II 140, Komm. 140, Rtg. 155, Begr. I 221, II 144, Komm.Ber. 65.

§. 156.

Solange in dem Statut einer Genossenschaft die im §. 7 Nr. 4 vorgesehene Bestimmung über die Bildung eines Reservefonds nicht getroffen ist, hat die Genossenschaft von dem nach Inkrafttreten des Gesetzes beginnenden Geschäftsjahre an zur Bildung des Reservefonds mindestens den zehnten Theil des jährlichen Reingewinns zu verwenden.

Entw. I 140 u. II 141, Komm. 141, Rtg. 156. Begr. I 221, II 145.

§. 157.

Die Vorschrift der Nr. 3 im §. 8 Absatz 1 über das Geschäftsjahr findet nach Ablauf von drei Monaten seit dem Inkrafttreten des Gesetzes Anwendung.

Eine Genossenschaft, deren Statut die Ausdehnung des Geschäftsbetriebes durch Gewährung von Darlehen an Personen gestattet, welche nicht Mitglieder der Genossenschaft sind, unterliegt dem Verbote des §. 8 Absatz 2 nach Ablauf von zwei Jahren seit dem Inkrafttreten des Gesetzes.

Entw. I 141 u. II 142, Komm. 142, Rtg. 157, Rtg. III 157. Begr. I 222, II 145, St.Ber. vom 4. April 1889 S. 1201.

§. 158.

Auf den Vorstand findet die Bestimmung im §. 24 Absatz 2 über die Mindestzahl der Mitglieder, auf den Aufsichtsrath finden die Bestimmungen im §. 9, §. 34 (jetzt 36) Absatz 1 nach Ablauf von sechs Monaten seit dem Inkrafttreten des Gesetzes Anwendung. Das Gleiche gilt von der Bestimmung im §. 81 (jetzt 83) Absatz 2 über die Zahl der Liquidatoren.

Entw. I 142 u. II 143, Komm. 143, Rtg. 158. Begr. I 222, II 146, Komm.Ber. 65.

§. 159.

Die Bestimmung des §. 66 (jetzt 68) über die Ausschliessung von Genossen wegen der Mitgliedschaft in einer gleichartigen Genossenschaft findet, soweit der Beitritt zu dieser vor dem Inkrafttreten des Gesetzes erfolgt ist, keine Anwendung.

Entw. I 143 u. II 144, Komm. 144, Rtg. 159. Begr. I 223, II 146.

§. 160.

Auf eine Genossenschaft, welche bei dem Inkrafttreten des Gesetzes weniger als sieben Mitglieder hat, findet der §. 78 (jetzt 80) solange keine Anwendung, als nicht diese Mitgliederzahl erreicht wird.

Entw. I 144 u. II 145, Komm. 145, Rtg. 160. Begr. I 223, II 146.

§. 161.

Die Haftpflicht der Genossen bestimmt sich nach den Vorschriften in §§. 52 bis 65 des Gesetzes vom 4. Juli 1868 und im §. 197 der Konkursordnung, sofern vor dem Inkrafttreten des gegenwärtigen Gesetzes der Vertheilungsplan zur Erklärung der Vollstreckbarkeit eingereicht oder ohne Einreichung eines solchen das Konkursverfahren aufgehoben war.

Entw. I 145 u. II 146, Komm. 146, Rtg. 161. Begr. I 224 ff., II 146 ff.

§. 162.

Ausser den Fällen des vorhergehenden Paragraphen kommen rücksichtlich der Haftpflicht der Genossen, welche vor dem Tage des Inkrafttretens des Gesetzes aus der Genossenschaft ausgeschieden und noch nicht durch Verjährung der Klage befreit sind, die Vorschriften des gegenwärtigen Gesetzes mit der Massgabe zur Anwendung, dass mit dem bezeichneten Tage die zweijährige Frist des §. 119 (jetzt 125) Absatz 1 beginnt, und dass die im zweiten Absatz desselben Paragraphen bestimmte Ausdehnung der Haftpflicht nicht eintritt.

Entw. I 146 u. II 147, Komm. 147, Rtg. 162. Begr. I 227 ff., II 147—149.

§. 163.

Die Bestimmung im §. 112 (jetzt 119) findet nicht Anwendung, insoweit beim Inkrafttreten des Gesetzes ein Genosse auf mehr als einen Geschäftsantheil betheiligt ist.

Entw. I 147 u. II 148, Komm. 148, Rtg. 163. Begr. I 228, II 149.

§. 164.

Der Vorstand hat dem Gerichte (§. 10) binnen einem Monate nach dem Tage des Inkrafttretens des

Gesetzes anzuzeigen, welche Personen ausser den in der gerichtlichen Mitgliederliste (§§. 4, 25 Absatz 2 des Gesetzes vom 4. Juli 1868) aufgeführten bis zu dem bezeichneten Tage Mitglieder der Genossenschaft geworden sind, und welche von den in der Liste aufgeführten Personen an diesem Tage der Genossenschaft nicht angehört haben.

Zugleich sind die Mitglieder, welche nach dem Inkrafttreten des Gesetzes in Folge vorher geschehener Aufkündigung oder Ausschliessung ausscheiden, und der Tag ihres Ausscheidens zu bezeichnen.

Zur Befolgung dieser Vorschriften ist der Vorstand durch Ordnungsstrafen in Gemässheit des §. 152 (jetzt 160) anzuhalten.

Entw. I 148 u. II 149, Komm. 149, Rtg. 164. Begr. I 228 bis 232, II 149 ff.

§. 165.

Das Gericht hat die Liste nach den in vorstehendem Paragraphen bezeichneten Angaben zu berichtigen.

Es hat mittelst öffentlicher Bekanntmachung eine allgemeine Aufforderung zu erlassen, inhalts deren die in der Liste aufgeführten Personen, welche behaupten, dass sie am Tage des Inkrafttretens des Gesetzes nicht Mitglieder der Genossenschaft gewesen sind oder dass ihr Ausscheiden nicht richtig in die Liste eingetragen ist, sowie die in derselben nicht aufgeführten Personen, welche behaupten, dass sie an dem bezeichneten Tage Mitglieder der Genossenschaft gewesen sind, ihren Widerspruch gegen die Liste bis zum Ablauf einer Ausschlussfrist von einem Monate schriftlich oder zum Protokoll des Gerichtsschreibers zu erklären haben.

Entw. I 149 u. II 150, Komm. 150, Rtg. 165. Begr. I 228 bis 232, II 149 bis 152.

§. 166.

Die Bekanntmachung erfolgt durch einmalige Einrückung in die für die Bekanntmachungen der Genossenschaft bestimmten Blätter.

Die Kosten der Bekanntmachungen werden von der Genossenschaft getragen.

Entw. I 150 u. II 151, Komm. 151, Rtg. 166. Begr. I 228 bis 232, II 149 bis 152.

In Absatz 2 müßte es „Bekanntmachung“ heißen.

§. 167.

Die Ausschlussfrist beginnt mit dem Tage, an welchem das letzte der die Bekanntmachung enthaltenden Blätter erschienen ist.

Entw. I 151 u. II 152, Komm. 152, Rtg. 167. Begr. I 228 bis 232, II 149 bis 152.

§. 168.

Nach Ablauf der Ausschlussfrist ist für die Mitgliedschaft am Tage des Inkrafttretens des Gesetzes und für das Ausscheiden in Folge vorher geschehener Aufkündigung oder Ausschliessung (§. 164 Absatz 2) der Inhalt der Liste massgebend.

Einwendungen gegen die Liste bleiben den im §. 165 Absatz 2 bezeichneten Personen vorbehalten, sofern sie in Gemässheit desselben den Widerspruch erklärt haben oder hieran ohne ihr Verschulden verhindert waren und binnen einem Monate nach Beseitigung des Hindernisses den Widerspruch schriftlich oder zum Protokoll des Gerichtsschreibers erklärt haben.

Auf diese Rechtsfolgen ist in der im §. 165 vorgeschriebenen Bekanntmachung hinzuweisen.

Entw. I 152 u. II 153, Komm. 153, Rtg. 168. Begr. I 228 bis 232, II 149 bis 152.

§. 169.

Das Gericht hat die in Gemässheit des §. 165 Absatz 2 und §. 168 Absatz 2 erklärten Widersprüche in der Liste zu vermerken und dem Vorstande der Genossenschaft zur Erklärung mitzutheilen.

Soweit der Vorstand die Widersprüche in beglaubigter Form als begründet anerkennt oder zur Anerkennung rechtskräftig verurtheilt wird, ist die Liste zu berichtigen. Wird das Anerkenntniss oder Urtheil oder eine die vorläufige Aufrechterhaltung des Widerspruchs anordnende einstweilige Verfügung des Prozessgerichts nicht binnen zwei Jahren seit Eintragung des Widerspruchs dem Gerichte (§. 10) eingereicht, so ist derselbe als nicht erfolgt anzusehen und von Amtswegen zu löschen.

Entw. I 153 u. II 154, Komm. 154, Rtg. 169. Begr. I 231, II 152.

§. 170.

Das Gericht hat von den zufolge §. 165 Absatz 1, §. 169 vorgenommenen Eintragungen dem Gerichte einer jeden Zweigniederlassung zur Berichtigung der dort geführten Liste Mittheilung zu machen.

Auf die Eintragungen finden die Vorschriften in §§. 150, 151 entsprechende Anwendung.

Entw. I 154 u. II 155, Komm. 155, Rtg. 170. Begr. I 232, II 152.

§. 171.

§ 171 hat jetzt die Ordnungsnummer 161.

§. 172.

Dieses Gesetz tritt am 1. Oktober 1889 in Kraft.

Entw. II 157, Komm. 157, Rtg. 172.

Urkundlich unter Unserer Höchsteigenhändigen Unterschrift und beigedrucktem Kaiserlichen Insiegel.

Gegeben Berlin, den 1. Mai 1889.

(L. S.) Wilhelm.
Fürst von Bismarck.

Gesetz vom 12. August 1896. Art. 3 lautet:
Dieses Gesetz tritt am 1. Januar 1897 in Kraft.

Urkundlich unter Unserer Höchsteigenhändigen Unterschrift und beigedrucktem Kaiserlichen Insiegel.

Gegeben Wilhelmshöhe, den 12. August 1896.

(L. S.) **Wilhelm.**
Fürst zu Hohenlohe.

Gesetz,

betreffend

die Abänderung des Gesetzes über die Erwerbs- und Wirthschaftsgenossenschaften v. 1. Mai 1889,

sowie den

Geschäftsbetrieb von Konsumanstalten.

Vom 12. August 1896.

(R.G.Bl. 1896 Nr. 29 S. 695–698.)

Wir **Wilhelm**, von Gottes Gnaden Deutscher Kaiser, König von Preußen ꝛc.

verordnen im Namen des Reichs, nach erfolgter Zustimmung des Bundesraths und des Reichstags, was folgt:

Artikel 1 dieses Gesetzes bezieht sich auf die § 8 Abs. 4, § 20, § 31, § 32, § 91 Abs. 3, § 92, § 114 (Ordnungsnummer des Gesetzes von 1889), §§ 152–154; die Paragraphen sind in Folge der Bekanntmachung des Reichskanzlers (Art. 13 des Einführungsgesetzes zum H.G.B.) in den Text eingefügt. Es ist übrig geblieben:

Artikel 2.[1]

Die im Artikel 1 Nr. 1, 3 und 7 enthaltenen Vorschriften finden auf Konsumanstalten, welche von Arbeitgebern für ihre Arbeiter und Beamten betrieben werden, sowie auf Vereinigungen (Gesellschaften, Korporationen), deren wesentlicher Geschäftszweck es ist, ihren Mitgliedern oder bestimmten Berufskreisen in dem Bezug von Waaren Vortheile zu verschaffen, insbesondere auch auf Beamten- und Offiziervereine mit der Maßgabe sinngemäße Anwendung, daß die hinsichtlich der Mitglieder der Konsumvereine getroffenen Bestimmungen bei den vorbezeichneten Konsumanstalten und Vereinigungen hinsichtlich derjenigen Personen gelten, für welche die Einrichtung bestimmt ist. Jedoch ist es den Konsumanstalten und Vereinigungen der vorbezeichneten Art gestattet, in ihren Speiseanstalten Waaren zum alsbaldigen persönlichen Verbrauch auch an Dritte abzugeben.

[1] Diese Bestimmungen sind in der Kommission entstanden und von den Regierungskommissarien „mit Nachdruck bekämpft" (Komm.Ber. 11). Der Artikel findet Anwendung auf a) von Arbeitgebern betriebene Konsumanstalten, b) Vereinigungen (Aktiengesellschaften, gesellige Vereine, Kasinos usw.), deren wesentlicher Zweck ist, „ihren Mitgliedern oder bestimmten Berufskreisen" beim Warenbezug Vorteile zu verschaffen. Artikel 2 findet keine Anwendung auf Vereinigungen (d. h. Aktiengesellschaften, Aktien-Kommanditgesellschaften, Gesellschaften mit beschränkter Haftung) zum freien Gewerbebetrieb, die weder ihren Mitgliedern noch bestimmten Berufskreisen Vorteile beim Warenbezug verschaffen wollen, die vielmehr auf Verkauf an jedermann gerichtet sind. Nichts steht im Wege, daß solche Gesellschaften mit freiem Gewerbebetrieb den Reingewinn oder Teile desselben an die Käufer nach Verhältnis des Warenbezugs verteilen, wie es ein Konsumverein tut. Nur in der Form der eingetragenen Genossenschaft (§ 1 Nr. 5 G.G.) ist der freie Gewerbebetrieb verboten, in jeder anderen Gesellschaftsform ist er erlaubt. Auch der Konsumverein als nicht eingetragene Genossen-

schaft kann unbehindert und frei das Gewerbe betreiben, wenn er nicht statutenmäßig den Geschäftsbetrieb auf seine Mitglieder oder bestimmte Berufskreise beschränkt.

Auf Vorschlag der Kommission hat der Reichstag auch noch beschlossen, „den Reichskanzler zu ersuchen, Anordnungen dahin treffen zu wollen, daß die Ueberlassung von im Eigentum des Reichs befindlichen Gebäuden oder Teilen derselben an Konsumvereine oder Konsumanstalten und ebenso auch die Besorgung des Warenverkaufs, der Buch- und Kassenführung in solchen Vereinen und Anstalten durch in Diensten des Reichs stehende Beamte künftighin im Wesentlichen auf Veranstaltungen zur Abgabe von Gegenständen des alsbaldigen Verbrauchs an die in Betriebsanlagen des Reichs beschäftigten Arbeiter und Beamten beschränkt bleibe".

Artikel 3 des Gesetzes ist S. 171 mitgeteilt.

(Nr. 2593). **Bekanntmachung,**

betreffend

die Führung des Genossenschaftsregisters und die Anmeldungen zu diesem Register.

Vom 1. Juli 1899.

(R.G.Bl. 1899 Nr. 28 S. 347—363.)

Auf Grund des §. 161 Absatz 1 des Gesetzes, betreffend die Erwerbs- und Wirthschaftsgenossenschaften (Reichs-Gesetzbl. 1898 S. 810), hat der Bundesrath beschlossen, daß vom 1. Januar 1900 ab an die Stelle der §§. 3 bis 17 und der §§. 19 bis 35 der Bestimmungen über die Führung des Genossenschaftsregisters und die Anmeldungen zu demselben (Reichs-Gesetzbl. 1889 S. 150) die folgenden Vorschriften treten:

I. Allgemeines.

§. 1.

Obliegenheiten des Richters und des Gerichtsschreibers.

Die Obliegenheiten des Richters und des Gerichtsschreibers bei der Führung des Genossenschaftsregisters und der Liste der Genossen sowie bei den auf die Eintragungen bezüglichen Verhandlungen bestimmen sich, soweit nicht durch Reichsgesetz oder durch diese Vorschriften besondere Anordnungen getroffen sind, nach den in den einzelnen Bundesstaaten für das Handelsregister geltenden Vorschriften.

§. 2.

Eintragungsverfügung.

Die Eintragungen in das Genossenschaftsregister und in die Liste der Genossen erfolgen auf Grund einer Verfügung des Registergerichts. Werden die Geschäfte des Registerführers nicht von einem Richter wahrgenommen, so soll die Verfügung für das Genossenschaftsregister den Wortlaut, für die Liste der Genossen den Inhalt der Eintragungen feststellen.

Die Eintragungen sind unverzüglich zu bewirken. Die erfolgte Eintragung ist bei der gerichtlichen Verfügung zu vermerken.

§. 3.

Benachrichtigung der Betheiligten.

Von jeder Eintragung in das Genossenschaftsregister oder in die Liste der Genossen ist dem Vorstand oder den Liquidatoren Nachricht zu geben. Das Gleiche gilt von der Ablehnung einer beantragten Eintragung.

Diese Benachrichtigungen sowie die in den Fällen der §§. 15, 72, 76, 77, 137 des Gesetzes weiter vorgeschriebenen Benachrichtigungen von Genossen und von Gläubigern oder Erben eines Genossen können ohne Förmlichkeiten, insbesondere durch einfache Postsendung erfolgen. Für die Benachrichtigungen über Eintragungen in die Liste der Genossen sind Formulare zu verwenden, deren Ausfüllung dem Gerichtsschreiber obliegt; die Benachrichtigung ist in der Regel mittelst einer Postkarte zu bewirken, auf deren Rückseite sich das Formular befindet.

Wird eine Eintragung abgelehnt, so sind die Gründe der Ablehnung mitzutheilen.

§. 4.

Bekanntmachung der Registereintragungen.

Die öffentliche Bekanntmachung einer Eintragung in das Genossenschaftsregister (Gesetz §. 156; Handelsgesetzbuch §. 10) ist zu veranlassen, sobald die Eintragung bewirkt ist und ohne daß eine andere Eintragung abgewartet werden darf.

§. 5.

Für die Bekanntmachungen aus dem Genossenschaftsregister können neben dem Deutschen Reichsanzeiger andere als die für die Bekanntmachungen aus dem Handelsregister dienenden Blätter bestimmt werden. Hinsichtlich der Bekanntmachung der hiernach bestimmten Blätter finden die Vorschriften entsprechende Anwendung, welche für die Bekanntmachung der zu den Veröffentlichungen aus dem Handelsregister benutzten Blätter gelten.

Hört eines der Blätter im Laufe des Jahres zu erscheinen auf, so hat das Gericht unverzüglich ein anderes Blatt zu bestimmen.

Bei kleineren Genossenschaften, für welche gemäß §. 156 des Gesetzes neben dem Reichsanzeiger nur ein anderes Blatt zu bestimmen ist, hat die Auswahl dieses Blattes hauptsächlich mit Rücksicht auf die Verbreitung im Gerichtsbezirke zu erfolgen. Bei der Entscheidung, ob eine

Genossenschaft zu den kleineren Genossenschaften zu rechnen ist, hat das Registergericht sowohl die Zahl der vorhandenen Mitglieder und die Größe des Genossenschaftsvermögens als die Art und den Umfang des Geschäftsbetriebs zu berücksichtigen.

Die Bekanntmachungen im Deutschen Reichsanzeiger sind in einem bestimmten Theile des Blattes zusammenzustellen.

§. 6.

Form der Anmeldungen sowie der sonstigen Anzeigen, Erklärungen und Einreichungen.

Die Vorschrift, daß Anmeldungen zum Genossenschaftsregister durch sämmtliche Mitglieder des Vorstandes oder durch sämmtliche Liquidatoren persönlich zu bewirken oder in beglaubigter Form einzureichen sind (Gesetz §. 157 Abs. 1), gilt nur von den Anmeldungen, welche n dem Gesetz als solche ausdrücklich bezeichnet sind.

Dahin gehören:

1. die Anmeldung des Statuts (Gesetz §§. 10, 11);
2. die Anmeldung von Abänderungen des Statuts (Gesetz §. 16) einschließlich der Anmeldung einer Herabsetzung der Haftsumme und der Umwandlung einer Genossenschaft nebst den von dem Vorstande hierbei abzugebenden Versicherungen (Gesetz §§. 133, 143, 144);
3. die Anmeldung einer Zweigniederlassung (Gesetz §. 14) oder der Aufhebung einer solchen;
4. die Anmeldung der Bestellung, des Ausscheidens oder der vorläufigen Enthebung von Vorstands-

mitgliedern und Liquidatoren (Gesetz §§. 10, 11, 28, 84, §. 85 Abs. 2);

5. die Anmeldung der Auflösung einer Genossenschaft in den Fällen der §§. 78, 79 des Gesetzes.

Die Anmeldung durch einen Bevollmächtigten ist ausgeschlossen.

§. 7.

Für die sonstigen Anzeigen und Erklärungen, die zum Genossenschaftsregister oder zur Liste der Genossen zu bewirken sind, bedarf es weder der Mitwirkung sämmtlicher Vorstandsmitglieder oder Liquidatoren noch, soweit nicht ein Anderes vorgeschrieben ist, der beglaubigten Form (zu vergl. Gesetz §. 33 Abs. 2, §. 63 Abs. 2, §. 89).

Sind jedoch solche Anzeigen oder Erklärungen mit rechtlicher Wirkung für die Genossenschaft verbunden, so müssen sie in der für die Willenserklärungen des Vorstandes oder der Liquidatoren vorgeschriebenen Form, insbesondere unter Mitwirkung der hiernach erforderlichen Zahl von Vorstandsmitgliedern oder Liquidatoren erfolgen (Gesetz §§. 25, 85). Dahin gehören die sämmtlichen Einreichungen, Anzeigen und Versicherungen, die bezüglich des Beitritts und des Ausscheidens von Genossen sowie bezüglich der Betheiligung von Genossen auf weitere Geschäftsantheile von dem Vorstande zur Liste der Genossen zu bewirken sind (Gesetz §. 15 Abs. 2, §. 69, §. 71 Abs. 2, §. 76 Abs. 2, §. 77 Abs. 2, §. 137 Abs. 2, §. 138).

Die Einreichungen und Anzeigen können persönlich bei dem Gericht oder schriftlich mittelst Einsendung bewirkt werden. Im ersteren Falle wird über den Vorgang ein Vermerk unter Bezeichnung der erschienenen Vorstandsmitglieder oder Liquidatoren aufgenommen; im Falle schriftlicher Einreichung ist die ordnungsmäßige Zeichnung durch den Vorstand oder die Liquidatoren erforderlich.

§. 8.

Beglaubigung.

Ist für eine Erklärung die beglaubigte Form erforderlich (§. 6 und §. 36 Abs. 1 dieser Vorschriften, §. 71 Abs. 2 des Gesetzes), so können außer den Notaren und den sonst zuständigen Behörden und Beamten auch der Gemeindevorsteher sowie die Polizeibehörde die Beglaubigung der Unterschriften bewirken.

In den Fällen, in welchen die Abschrift einer Urkunde zum Genossenschaftsregister oder zur Liste der Genossen einzureichen ist, genügt, sofern nicht ein Anderes vorgeschrieben ist, eine einfache Abschrift (Gesetz §. 11 Abs. 2 Nr. 3, §. 28, §. 69 Abs. 2). Ist die Einreichung einer beglaubigten Abschrift vorgeschrieben, so hat die Beglaubigung durch eine zuständige Behörde oder einen zuständigen Beamten oder Notar zu erfolgen (§. 14 Abs. 2, §. 58, §. 66 Abs. 2, §. 69 Abs. 1 des Gesetzes, §. 31 Nr. 2, 5 dieser Vorschriften).

§. 9.

Löschungen von Amts wegen.

Soll eine Eintragung im Genossenschaftsregister von Amtswegen gelöscht werden, weil sie wegen Mangels einer wesentlichen Voraussetzung unzulässig war (Gesetz über die Angelegenheiten der freiwilligen Gerichtsbarkeit

§§. 142, 143), so erfolgt die Löschung durch Eintragung des Vermerkes: „Von Amtswegen gelöscht".

Die für die Löschung unzulässiger Eintragungen im Genossenschaftsregister maßgebenden Vorschriften finden auch auf die Liste der Genossen Anwendung.

§. 10.

Gegenstandslos gewordene Eintragungen.

Eine Eintragung in das Genossenschaftsregister oder in die Liste der Genossen, die durch eine spätere Eintragung ihre Bedeutung verloren hat, ist roth zu unterstreichen oder in einer ihre Leserlichkeit nicht beeinträchtigenden Weise zu durchstreichen.

§. 11.

Kosten.

Für die Eintragungen in das Genossenschaftsregister oder in die Liste der Genossen mit Einschluß der Vormerkungen sowie für die Verhandlung und Entscheidung erster Instanz über Anträge auf solche Eintragungen werden Gebühren nicht erhoben; die Erhebung von Auslagen findet nach §§. 79, 80 und 80b des Gerichtskostengesetzes statt (Gesetz §. 159). Für die Benachrichtigungen über Eintragungen in die Liste der Genossen werden Schreibgebühren nicht erhoben.

II. Eintragungen in das Genossenschaftsregister.

§. 12.

Einrichtung des Registers.

Das Genossenschaftsregister wird nach dem in den einzelnen Bundesstaaten vorgeschriebenen Formulare geführt.

Jede Genossenschaft ist auf einem besonderen Blatte des Registers einzutragen; die für spätere Eintragungen noch erforderlichen Blätter sind freizulassen.

§. 13.

Registerakten.

Für jede in das Register eingetragene Genossenschaft werden besondere Akten gehalten.

In die Registerakten sind aufzunehmen die zur Eintragung in das Register bestimmten Anmeldungen nebst den ihnen beigefügten Schriftstücken, insbesondere den Zeichnungen von Unterschriften, die sonstigen dem Gericht eingereichten Urkunden und Belege, soweit sie sich nicht auf die Liste der Genossen beziehen (§. 27 Abs. 4), ferner die gerichtlichen Verfügungen sowie die Mittheilungen anderer Behörden und die Nachweise über die Bekanntmachungen.

§. 14.

Inhalt der Eintragung.

Jeder Eintragung ist außer der Angabe des Tages der Eintragung und der Unterschrift des Registerführers eine Verweisung auf die Stelle der Registerakten beizufügen, wo sich die zu Grunde liegende gerichtliche Verfügung (§. 2 dieser Vorschriften) befindet.

§. 15.

Eintragung des Statuts.

Vor der Eintragung des Statuts (Gesetz §§. 10 bis 12) hat das Gericht zu prüfen, ob das Statut den Vorschriften des Gesetzes genügt, insbesondere ob die in dem Statute bezeichneten Zwecke der Genossenschaft den Voraussetzungen des §. 1 des Gesetzes entsprechen und ob das Statut die erforderlichen Bestimmungen (Gesetz §§. 6, 7, §. 36 Abs. 1 Satz 2, §. 131 Abs. 2 Satz 1) enthält.

Die Eintragung des Statuts in das Register erfolgt durch Aufnahme eines Auszugs. Der Auszug hat die im §. 12 Abs. 2, 4 des Gesetzes bezeichneten Angaben, bei Genossenschaften mit beschränkter Haftpflicht auch die Höhe der Haftsumme und im Falle des §. 134 des Gesetzes die höchste Zahl der Geschäftsantheile, auf welche ein Genosse sich betheiligen kann, zu enthalten.

Die Urschrift des Statuts (Gesetz §. 11 Abs. 2 Nr. 1) ist zu den Akten zu nehmen; in dem Register ist auf die Stelle der Akten, wo das Statut sich befindet, zu verweisen.

§. 16.

Eintragung von Abänderungen des Statuts.

Beschlüsse der Generalversammlung, die eine Abänderung der im §. 15 Abs. 2 dieser Vorschriften bezeichneten Bestimmungen des Statuts oder die Fortsetzung einer auf bestimmte Zeit beschränkten Genossenschaft zum Gegenstande haben, werden nach ihrem Inhalte, Beschlüsse, die eine sonstige Abänderung des Statuts betreffen, nur unter allgemeiner Bezeichnung des Gegenstandes eingetragen (Gesetz §. 16).

Die eine der mit der Anmeldung eingereichten Abschriften des Beschlusses (Gesetz §. 16 Abs. 3 Satz 1) ist zu den Akten zu nehmen; in dem Register ist auf die Stelle der Akten, wo die Abschrift sich befindet, zu verweisen.

§. 17.

insbesondere der Umwandlung einer Genossenschaft und der Herabsetzung der Haftsumme.

Im Falle der Umwandlung einer Genossenschaft (Gesetz §§. 143, 144) ist außer dem Umwandlungsbeschluß auch die durch den Beschluß bedingte Aenderung der Firma (Gesetz §§. 2, 3) und bei der Umwandlung in eine Genossenschaft mit beschränkter Haftpflicht die Höhe der Haftsumme, sowie im Falle des §. 134 des Gesetzes die höchste Zahl der Geschäftsantheile, auf welche ein Genosse sich betheiligen kann, einzutragen.

In den im §. 143 des Gesetzes bezeichneten Umwandlungsfällen sowie im Falle einer Herabsetzung der Haftsumme bei einer Genossenschaft mit beschränkter Haftpflicht (§. 133 daselbst) sind mit der Anmeldung des Beschlusses die Belege über die vorgeschriebenen Bekanntmachungen des Beschlusses einzureichen; zugleich haben die sämmtlichen Mitglieder des Vorstandes die im §. 133 Abs. 2 des Gesetzes vorgesehene schriftliche Versicherung abzugeben. Die Eintragung darf nur stattfinden, wenn zwischen der letzten der bezeichneten Bekanntmachungen und der Anmeldung ein Jahr verstrichen ist.

Im Uebrigen finden die Vorschriften des §. 16 Anwendung.

§. 18.

Eintragungen in Ansehung der Mitglieder des Vorstandes.

Die Anmeldung und Eintragung der Vorstandsmitglieder (Gesetz §. 10 Abs. 1, §. 28) hat mit dem Beginn ihres Amtes zu erfolgen. Dasselbe gilt für den

Fall der Bestellung von Stellvertretern behinderter Vorstandsmitglieder (Gesetz §. 35). Bei der Eintragung sind die Vorstandsmitglieder nach Familiennamen, Vornamen, Beruf und Wohnort anzugeben.

Die Beendigung der Vertretungsbefugniß eines Vorstandsmitglieds ist alsbald nach dem Ausscheiden des Mitglieds aus dem Vorstand anzumelden und einzutragen. Als Beendigung der Vertretungsbefugniß gilt auch eine vorläufige Enthebung durch den Aufsichtsrath (Gesetz §. 40).

Eine Beschränkung der Vertretungsbefugniß des Vorstandes kann nicht eingetragen werden.

§. 19.

Eintragung von Zweigniederlassungen.

Die Errichtung einer Zweigniederlassung außerhalb des Gerichtsbezirkes der Hauptniederlassung ist bei dem Gericht, in dessen Bezirke die erstere sich befindet, gemäß §. 14 des Gesetzes zur Eintragung anzumelden. Die Eintragung erfolgt nicht, bevor die Eintragung der Hauptniederlassung nachgewiesen ist.

Von der bewirkten Eintragung der Zweigniederlassung hat das Gericht dem Gerichte der Hauptniederlassung Mittheilung zu machen. Auf Grund dieser Mittheilung wird die Errichtung der Zweigniederlassung im Register der Hauptniederlassung vermerkt (Gesetz über die Angelegenheiten der freiwilligen Gerichtsbarkeit §§. 131, 147).

Die bei dem Gerichte der Hauptniederlassung zu bewirkenden Anmeldungen und Einreichungen zum Genossenschaftsregister haben mit Ausnahme des Falles der Auflösung der Genossenschaft in der gleichen Weise auch bei dem Gerichte jeder Zweigniederlassung zu erfolgen (Gesetz §. 157 Abs. 2).

Im Falle der Auflösung der Genossenschaft hat das Gericht der Hauptniederlassung von der in seinem Register bewirkten Eintragung unverzüglich zu dem Genossenschaftsregister einer jeden Zweigniederlassung Mittheilung zu machen; auf Grund dieser Mittheilung wird die Auflösung im Register der Zweigniederlassung vermerkt. Das Gleiche gilt im Falle der Konkurseröffnung sowie im Falle einer von Amtswegen im Register der Hauptniederlassung bewirkten Löschung (§§. 9, 22, 23 dieser Vorschriften).

Wird abgesehen von den Fällen der Auflösung und der Nichtigkeit der Genossenschaft eine Zweigniederlassung aufgehoben, so ist dies in der gleichen Weise, wie die Errichtung, bei dem Gerichte der Zweigniederlassung zur Eintragung anzumelden und auf Grund der Mittheilung dieses Gerichts über die bewirkte Eintragung im Register der Hauptniederlassung zu vermerken (Gesetz über die Angelegenheiten der freiwilligen Gerichtsbarkeit §§. 131, 147).

Wird eine Zweigniederlassung in dem Gerichtsbezirk errichtet, welchem die Hauptniederlassung angehört, so ist nur die Errichtung und der Ort der Zweigniederlassung durch den Vorstand anzumelden und in dem Register bei der Hauptniederlassung einzutragen. Diese Vorschrift findet im Falle der Aufhebung entsprechende Anwendung.

§. 20.

Eintragung der Auflösung.

Die Eintragung der Auflösung einer Genossenschaft in das Register der Hauptniederlassung erfolgt

1. in den Fällen der §§. 78 und 79 des Gesetzes auf Grund der Anmeldung des Vorstandes,
2. in den übrigen Fällen von Amtswegen, und zwar in dem Falle des §. 80 nach Eintritt der Rechtskraft des von dem Registergericht erlassenen Auflösungsbeschlusses, in dem Falle des §. 81 auf Grund der von der zuständigen Verwaltungsgerichts- oder Verwaltungsbehörde erster Instanz dem Registergerichte mitgetheilten rechtskräftigen Entscheidung, durch welche die Auflösung ausgesprochen ist, im Falle der Eröffnung des Konkursverfahrens auf Grund der Mittheilung des Gerichtsschreibers des Konkursgerichts (Konkursordnung §. 112); in dem letzteren Falle unterbleibt die Veröffentlichung der Eintragung (Gesetz §. 102).

In allen Fällen der Auflösung, außer dem Falle der Eröffnung des Konkursverfahrens, sind die Liquidatoren von dem Vorstand anzumelden. Dies gilt auch dann, wenn die Liquidation durch die Mitglieder des Vorstandes als Liquidatoren erfolgt (Gesetz §§. 83, 84). Sind die Liquidatoren durch das Gericht ernannt, so geschieht die Eintragung der Ernennung und der Abberufung von Amtswegen (Gesetz §. 84 Abs. 2).

Ist über die Form, in welcher die Liquidatoren ihre Willenserklärungen kundzugeben und für die Genossenschaft zu zeichnen haben, insbesondere über die Zahl der Liquidatoren, welche dabei mitwirken müssen, eine Bestimmung getroffen, so ist auch diese anzumelden und einzutragen (Gesetz §. 85).

Im Uebrigen finden die auf den Vorstand bezüglichen Vorschriften des §. 18 entsprechende Anwendung.

§. 21.

Sobald mit der vollständigen Vertheilung des Genossenschaftsvermögens die Liquidation beendigt ist, haben die Liquidatoren die Beendigung ihrer Vertretungsbefugniß zur Eintragung anzumelden.

Die Aufhebung oder Einstellung des Konkursverfahrens (Konkursordnung §§. 163, 205, Gesetz §. 116) ist auf Grund der Mittheilung des Gerichtsschreibers des Konkursgerichts im Genossenschaftsregister zu vermerken.

§. 22.

Eintragung der Nichtigkeit der Genossenschaft.

Soll eine Genossenschaft von Amtswegen als nichtig gelöscht werden, so ist in der Verfügung, welche nach §. 142 Abs. 2, §. 147 Abs. 2, 4 des Gesetzes über die Angelegenheiten der freiwilligen Gerichtsbarkeit der Genossenschaft zugestellt wird, ausdrücklich darauf hinzuweisen, daß der Mangel bis zur Löschung durch Beschluß der Generalversammlung gemäß §. 95 Abs. 2 bis 4 des Genossenschaftsgesetzes geheilt werden kann.

Die Löschung erfolgt durch Eintragung eines Vermerkes, der die Genossenschaft als nichtig bezeichnet. Das Gleiche gilt in dem Falle, daß die Genossenschaft durch rechtskräftiges Urtheil für nichtig erklärt ist (Gesetz §§. 94, 96).

Im Uebrigen finden die Vorschriften des §. 20 Abs. 2 bis 4 und des §. 21 Abs. 1 entsprechende Anwendung.

§. 23.

Eintragung der Nichtigkeit von Beschlüssen der Generalversammlung.

Soll ein eingetragener Beschluß der Generalversammlung von Amtswegen als nichtig gelöscht werden (Gesetz über die Angelegenheiten der freiwilligen Gerichtsbarkeit §. 147 Abs. 3, 4), so erfolgt die Löschung durch Eintragung eines Vermerkes, der den Beschluß als nichtig bezeichnet. Das Gleiche gilt, wenn der Beschluß durch rechtskräftiges Urtheil für nichtig erklärt ist (Gesetz §. 51 Abs. 5).

§. 24.

Berichtigung von Schreibfehlern.

Schreibfehler und ähnliche offenbare Unrichtigkeiten, die in einer Eintragung vorkommen, sind von dem Gerichte zu berichtigen, ohne daß es einer vorgängigen Benachrichtigung der Genossenschaft bedarf. Die Berichtigung erfolgt durch Eintragung eines Vermerkes.

§. 25.

Das Genossenschaftsregister ist dauernd aufzubewahren.

Die Registerakten (§. 13) können nach Ablauf von dreißig Jahren seit der Eintragung einer der im §. 21 bezeichneten Thatsachen vernichtet werden.

III. Die Eintragungen in die Liste der Genossen.

§. 26.

Oeffentlichkeit der Liste.

Die Einsicht der Liste der Genossen ist Jedem gestattet (Gesetz §. 12 Abs. 3).

Die Vorschriften des §. 9 Abs. 2, 3 des Handelsgesetzbuchs über die Ertheilung von Abschriften und Bescheinigungen aus dem Handelsregister und aus den zu dem Handelsregister eingereichten Schriftstücken finden auch auf die Liste der Genossen und auf die zu der Liste eingereichten Schriftstücke Anwendung.

§. 27.

Einrichtung der Liste.

Die Liste der Genossen wird für jede in das Register eingetragene Genossenschaft nach dem anliegenden Formulare geführt. Sie bildet eine besondere Beilage zum Genossenschaftsregister.

Auf dem Titelblatte der Liste sind die Firma und der Sitz der Genossenschaft sowie Beginn und Ende des Geschäftsjahrs (Gesetz §. 8 Abs. 1 Nr. 3, §. 12 Abs. 1 Nr. 6) anzugeben.

Bei jeder Eintragung ist der Tag der Eintragung anzugeben; eine Unterzeichnung der Eintragung ist nicht erforderlich.

Die Anträge, Schriftstücke und Verfügungen, auf Grund deren die Eintragung stattfindet, sind mit der laufenden Nummer, unter welcher der Genosse in die

Liste eingetragen ist, zu versehen und, nach Jahrgängen gesammelt, aufzubewahren.

§. 28.

Liste der Zweigniederlassung.

Eine Liste der Genossen wird auch bei jedem Gerichte geführt, in dessen Register eine Zweigniederlassung der Genossenschaft eingetragen ist. Die Eintragungen in diese Liste erfolgen nicht auf Grund unmittelbarer Anzeigen oder Anträge der Betheiligten, sondern auf Grund der von dem Gerichte der Hauptniederlassung dem Gerichte der Zweigniederlassung gemachten Mittheilungen über die in der Hauptliste bewirkten Eintragungen (Gesetz §. 158 Abs. 1).

§. 29.

Eintragung des Beitritts.

In den Spalten 1 bis 4 werden die Mitglieder der Genossenschaft unter laufenden Nummern nach Familiennamen, Vornamen, Beruf und Wohnort eingetragen.

Als erste Mitglieder einer zur Eintragung angemeldeten Genossenschaft sind die Unterzeichner des Statuts einzutragen. Es ist darauf zu achten, daß diese auch in der mit der Anmeldung des Statuts von dem Vorstand eingereichten besonderen Liste (Gesetz §. 11 Abs. 2 Nr. 2) aufgeführt sind.

Bei der Eintragung eines Genossen, der nach der Anmeldung des Statuts der Genossenschaft beitritt, hat das Gericht zu prüfen, ob die Beitrittserklärung (Gesetz §. 15) die Unterschrift des Genossen trägt, eine unbedingte ist und bei Genossenschaften mit unbeschränkter

Haftpflicht oder unbeschränkter Nachschußpflicht die in den §§. 120, 127 des Gesetzes vorgeschriebene Bemerkung enthält, sowie ob die Einreichung ordnungsmäßig durch den Vorstand erfolgt ist (§. 7 dieser Vorschriften).

Auf die Echtheit der Unterschrift und die Wirksamkeit der Beitrittserklärung erstreckt sich die Prüfung des Gerichts nicht; vielmehr bleibt es im Allgemeinen den Betheiligten überlassen, Mängel in dieser Richtung im Wege der Klage geltend zu machen. Eine Ablehnung der Eintragung aus solchen Gründen ist jedoch nicht ausgeschlossen, falls die Unwirksamkeit der Beitrittserklärung, ohne daß es weiterer Ermittelungen bedarf, aus den dem Gerichte bekannten Thatsachen sich als zweifellos ergiebt.

Bei der Benachrichtigung des Genossen und des Genossenschaftsvorstandes über die Vornahme der Eintragung (Gesetz §. 15 Abs. 4, oben §. 3) ist die laufende Nummer, unter welcher die Eintragung bewirkt ist, anzugeben.

§. 30.

Eintragung weiterer Geschäftsantheile.

Die Spalten 5 und 6 dienen zur Eintragung der weiteren Geschäftsantheile bei solchen Genossenschaften mit beschränkter Haftpflicht, deren Statut die Betheiligung der Genossen auf mehr als einen Geschäftsantheil gestattet (Gesetz §§. 134 bis 137). Der erste Geschäftsantheil wird nicht eingetragen.

Die Eintragung erfolgt auf Grund der von dem Vorstand eingereichten Betheiligungserklärung des Genossen und der schriftlichen Versicherung des Vorstandes, daß die übrigen Geschäftsantheile des Genossen erreicht seien.

Bei der Einreichung der Urkunden ist die Nummer, unter welcher der Genosse in die Liste eingetragen ist, anzugeben.

Hinsichtlich der Prüfung der Urkunden finden die Vorschriften des §. 29 Abs. 3, 4 entsprechende Anwendung.

Bei anderen, als den im Abs. 1 bezeichneten Genossenschaften ist die fünfte und sechste Spalte der Liste mit Rücksicht auf die Möglichkeit einer späteren Umwandlung der Genossenschaft offen zu lassen.

§. 31.

Einreichung der Urkunden im Falle des Ausscheidens von Genossen.

Die Eintragung des Ausscheidens von Genossen erfolgt auf Grund der vom Vorstand eingereichten Urkunden. Diese sind:

1. im Falle der Aufkündigung eines Genossen (Gesetz §§. 65, 69) die Kündigungserklärung des Genossen und die schriftliche Versicherung des Vorstandes, daß die Aufkündigung rechtzeitig erfolgt sei;
2. im Falle der Aufkündigung des Gläubigers eines Genossen (Gesetz §§. 66, 69) die Kündigungserklärung des Gläubigers und die in Nr. 1 bezeichnete Versicherung des Vorstandes, außerdem beglaubigte Abschrift des rechtskräftigen Urtheils oder sonstigen Schuldtitels und des Beschlusses, durch welchen das Geschäftsguthaben des Genossen für den Gläubiger gepfändet und diesem über-

wiesen ist, sowie des Protokolls des Gerichtsvollziehers oder der sonstigen Urkunden, aus denen sich die Fruchtlosigkeit einer innerhalb der letzten sechs Monate vor der Pfändung und Ueberweisung des Geschäftsguthabens gegen den Genossen versuchten Zwangsvollstreckung ergiebt;

3. im Falle der Aufgabe des Wohnsitzes eines Genossen bei Genossenschaften, deren Statut die Mitgliedschaft an den Wohnsitz innerhalb eines bestimmten Bezirkes knüpft (Gesetz §. 8 Abs. 1 Nr. 2, §§. 67, 69), die Austrittserklärung des Genossen oder Abschrift der an den Genossen gerichteten Erklärung, mit welcher die Genossenschaft das Ausscheiden des Genossen verlangt hat, sowie eine Bescheinigung der Polizei- oder Gemeindebehörde über den Wegzug aus dem Bezirke;

4. im Falle der Ausschließung eines Genossen aus der Genossenschaft (Gesetz §§. 68, 69) Abschrift des Ausschließungsbeschlusses;

5. im Falle der Uebertragung des Geschäftsguthabens (Gesetz §§. 76, 138) die zwischen dem Ausscheidenden und dem Erwerber des Guthabens wegen der Uebertragung geschlossene Uebereinkunft oder eine beglaubigte Abschrift der Uebereinkunft und,

falls der Erwerber bereits Mitglied der Genossenschaft ist, die schriftliche Versicherung des Vorstandes, daß das bisherige Geschäftsguthaben des Erwerbers mit dem ihm zuzuschreibenden Betrage den Geschäftsantheil oder — im Falle des

§. 138 des Gesetzes — die der höchsten Zahl der Geschäftsantheile entsprechende Gesammtsumme nicht übersteigt,

falls der Erwerber des Guthabens noch nicht Mitglied der Genossenschaft ist, seine vorschriftsmäßige Beitrittserklärung;

6. im Falle des Todes eines Genossen (Gesetz §. 77) eine Anzeige des Sterbefalls; als solche genügt eine von den Angehörigen des Verstorbenen veröffentlichte oder der Genossenschaft erstattete Anzeige und mangels einer solchen die Erklärung des Genossenschaftsvorstandes, daß der Todesfall eingetreten sei.

§. 32.

Zeit der Einreichung.

In den Fällen der Aufkündigung des Genossen oder des Gläubigers eines Genossen hat die Einreichung der Urkunden durch den Vorstand spätestens sechs Wochen vor dem Schlusse des Geschäftsjahrs (Gesetz §. 69 Abs. 1) zu erfolgen. Die Einreichung der im Laufe des Geschäftsjahrs erfolgten Aufkündigungen kann bis zu dem bezeichneten Zeitpunkt aufgeschoben und zusammen bewirkt werden.

Dasselbe gilt in den Fällen der Austrittserklärung wegen Aufgabe des Wohnsitzes und der Ausschließung; sind jedoch diese Thatsachen erst in den letzten sechs Wochen des Geschäftsjahrs eingetreten, so ist die Einreichung unverzüglich zu bewirken.

In den Fällen der Uebertragung des Geschäftsguthabens und des Todes eines Genossen hat die Einreichung durch den Vorstand unverzüglich zu erfolgen.

Bei der Einreichung der Urkunden ist die Nummer, unter welcher der ausscheidende Genosse in die Liste eingetragen ist, anzugeben.

Hinsichtlich der Prüfung der Urkunden finden die Vorschriften des §. 29 Abs. 3, 4 entsprechende Anwendung.

§. 33.

Eintragung des Ausscheidens.

Das Ausscheiden von Genossen wird in den Spalten 7 bis 9 der Liste eingetragen.

Außer der das Ausscheiden begründenden Thatsache (§. 31 Nr. 1 bis 6) ist in den Fällen der Aufkündigung, des Wegzugs aus dem Bezirk und der Ausschließung in der Spalte 8 zugleich der Jahresschluß, zu welchem die Aufkündigung, Austrittserklärung oder Ausschließung erfolgt ist, zu vermerken.

Im Falle der Uebertragung des Geschäftsguthabens ist in der Spalte 8 außer der Uebertragung die Person des Erwerbers und die laufende Nummer, unter welcher er in die Liste eingetragen ist oder eingetragen wird, anzugeben. Ist der Erwerber noch nicht Genosse, so darf die Uebertragung nur gleichzeitig mit dem Beitritte des Erwerbers eingetragen werden.

Im Falle des Todes eines Genossen ist der Zeitpunkt des Todes zu vermerken.

§. 34.

Der Tag des Ausscheidens wird in der Spalte 9 eingetragen. Da mit den im Gesetze bestimmten Ausnahmen das Ausscheiden nur zum Schlusse eines Geschäftsjahrs, und nur nach erfolgter Eintragung wirksam wird, so kann als Zeitpunkt des Ausscheidens regelmäßig nur der letzte Tag des Geschäftsjahrs, in welchem die Eintragung stattfindet, eingetragen werden.

Soll nach den eingereichten Urkunden das Ausscheiden nicht zum Schlusse des laufenden, sondern eines späteren Geschäftsjahrs stattfinden, so ist dieser spätere Zeitpunkt einzutragen.

Wird die Einreichung der Urkunden oder die Eintragung selbst erst nach dem Jahresschlusse, mit welchem das Ausscheiden stattfinden sollte, bewirkt, so kann es erst mit dem nächsten Jahresschlusse wirksam werden; in diesem Falle ist deshalb der letztere Zeitpunkt als Tag des Ausscheidens in die Liste einzutragen. Eine Ausnahme gilt für die Eintragung des Ausscheidens bei Todesfällen, indem hier das Ausscheiden des Erben nicht von der vorgängigen Eintragung in die Liste abhängig ist (Gesetz §. 77). Auch bei verspäteter Einreichung der Todesanzeige ist deshalb der letzte Tag desjenigen Geschäftsjahrs, in welchem der Todesfall eingetreten ist, als Zeitpunkt des Ausscheidens einzutragen.

Auf den Fall des Ausscheidens durch Uebertragung des Geschäftsguthabens finden die vorstehenden Bestimmungen keine Anwendung. In diesem Falle wird das Ausscheiden unmittelbar durch die Eintragung wirksam;

der Tag der letzteren ist deshalb auch der Zeitpunkt des Ausscheidens und als solcher in der Liste zu vermerken.

§. 35.

Eintragung von Vormerkungen.

Vormerkungen zur Sicherung des Ausscheidens (Gesetz §. 71) werden in den Spalten 7 und 8 eingetragen. Die Eintragung erfolgt auf Antrag des Genossen, welcher das Ausscheiden beansprucht, im Falle des §. 66 des Gesetzes auf Antrag des Gläubigers des Genossen. Die Thatsachen, auf welche der Anspruch gegründet wird (rechtzeitig bewirkte Aufkündigung, Uebertragung des Geschäftsguthabens, Tod des Erblassers u. s. w.), sind anzugeben; des Nachweises oder der Glaubhaftmachung bedarf es nicht.

Der Zeitpunkt, zu welchem das Ausscheiden beansprucht wird, ist ebenfalls in der Spalte 8 anzugeben. Er bestimmt sich nach den Grundsätzen, welche maßgebend sein würden, wenn statt der Vormerkung das Ausscheiden selbst einzutragen wäre (§. 34). In der Spalte 9 wird der hiernach vorgemerkte Zeitpunkt erst eingetragen, wenn das Ausscheiden durch Anerkenntniß des Vorstandes oder durch rechtskräftiges Urtheil festgestellt ist und dies in die Liste eingetragen wird (Gesetz §. 71 Abs. 2).

§. 36.

Unwirksame Eintragungen; Berichtigung von Schreibfehlern.

Ist die Unwirksamkeit einer Eintragung durch eine übereinstimmende Erklärung des betheiligten Genossen und des Vorstandes der Genossenschaft in beglaubigter Form anerkannt oder durch rechtskräftiges Urtheil festgestellt, so ist dies auf Antrag eines der beiden Theile in der letzten Spalte einzutragen.

Schreibfehler und ähnliche offenbare Unrichtigkeiten, die in einer Eintragung vorkommen, sind von dem Gerichte durch einen Vermerk in der letzten Spalte zu berichtigen.

§. 37.

Die Liste der Genossen ist dauernd aufzubewahren.

Auf die nach Jahrgängen gesammelten Anträge, Schriftstücke und Verfügungen (§. 27 Abs. 4) findet die Vorschrift des §. 25 Abs. 2 entsprechende Anwendung.

Berlin, den 1. Juli 1899.

Der Reichskanzler.

Fürst zu Hohenlohe.

Anlage.

Liste der Genossen

für

Das Geschäftsjahr beginnt am und

endigt am

Laufende Nummer	Genossen.			Weitere Geschäftsanteile.	
	Tag der Eintragung.	Name und Beruf.	Wohnort.	Tag der Eintragung.	Zahl der weiteren Geschäftsantheile.
1.	2.	3.	4.	5.	6.
1.	4. Februar 1900	Meier, Wilhelm, Schlossermeister	Merseburg		
2.	4. Februar 1900	Böttcher, Hermann, Tischlermeister	"		
3.	15. März 1900	Kraus, Philipp, Kaufmann	"	15. Dezember 1900 1. Juni 1901	1 1 2
4.	15. März 1900	Himmelreich, Anton, Klempnermstr.	"		
5.	15. März 1900	Kannegießer, Adolf, Auslaufer	"		
6.	15. März 1900	Müller, Hans, Landwirth	Bolzhausen	1. Mai 1901	1
7.	2. April 1900	Schulz, Eduard, Gastwirth	Merseburg		
8.	2. April 1900	Becker, Matthias, Maurermeister	"		

Ausscheiden.			
Tag der Eintragung.	Grund des Ausscheidens.	Tag des Ausscheidens.	Bemerkungen.
7.	8.	9.	10.
18. November 1902	Aufkündigung zum 31. Dezember 1902	31. Dezember 1902	
			Die Eintragung des Beitritts ist durch rechtskräftiges Urtheil für unwirksam erklärt. Eingetragen am 6 Juli 1901.
7. August 1902	Gestorben am 30. Juli 1902	31. Dezember 1902	
5. Juni 1901	Uebertragung des Guthabens an .... (Nr. ....)	5. Juni 1901	
25. Januar 1903	Ausschließung zum 31. Dezember 1903	31. Dezember 1903	
20. Dezember 1903 4. März 1904	Vorgemerkt Kündigung zum 31. Dezember 1903 Anerkannt	31. Dezember 1903	
20. Dezember 1902	Wegen Aufgabe des Wohnsitzes im Bezirk ausgetreten zum 31. Dezember 1902	31. Dezember 1902	

Sachregister.

(Die Zahlen bedeuten die Paragraphen des Gesetzes, bezw. der A.V. Bei den Uebergangsbestimmungen (S. 163 ff.) ist in Parenthese zu der Zahl hinzugefügt „Ueb.".)

A.

E.

F.

G.

V.

W.

Druck von Leonhard Simion Nf. in Berlin SW.

Verzeichnis

der

Guttentag'schen Sammlung Deutscher Reichs- und Preussischer Gesetze

Text-Ausgaben

mit Anmerkungen u. Sachregister

5. **Allgemeine Deutsche Wechselordnung.** Achte Auflage von Justizrath Dr. **J. Stranz** und Rechtsanwalt Dr. **M. Stranz**, und das Reichsgesetz über die **Wechselstempelsteuer.** Von Regierungsrath **P. Loeck.** Siebente Auflage. 3 M.

6. **Gewerbeordnung** für das Deutsche Reich nebst allen Ausführungsbestimmungen. Ursprünglich herausgegeben von **T. Ph. Berger** und Dr. **L. Wilhelmi.** Sechszehnte Auflage bearbeitet von Oberverwaltungsgerichtsrath **H. Spangenberg.** 3 M.

7. Die deutsche **Post- und Telegraphen-Gesetzgebung.** Nebst dem Weltpostvertrag und dem internationalen Telegraphenvertrag. Von Wirkl. Geh. Rath Dr. **Fischer.** Fünfte Auflage bearbeitet von Geh. Postrath Dr. **M. König.** 3 M.

8. Die Reichsgesetze über den **Unterstützungswohnsitz** in der Fassung der Novelle vom 12. März 1894, **die Freizügigkeit, den Erwerb und Verlust der Bundes- und Staatsangehörigkeit,** nebst allen landesgesetzlichen Bestimmungen. Von Geheimrath Dr. **J. Krech,** Mitglied des Bundesamtes für das Heimathwesen. Fünfte Auflage. 2 M. 70 Pf.

9a. Sammlung **kleinerer privatrechtlicher Reichsgesetze.** Von **F. Vierhaus.** Zweite Auflage in Vorbereitung.

9. Sammlung **kleinerer strafrechtlicher Reichsgesetze.** Mit den Entscheidungen des Reichsgerichts bearbeitet von **M. Werner,** Geh. Ober-Regierungsrath. Zweite Auflage. 3 M.

Inhalt: Inhaberpapiere — Presse — Personenstand — Urheberrechtsgesetzgebung — Rinderpest — Nahrungs- und Genußmittel — Sprengstoff — Feingehalt von Gold- und Silberwaaren — Patentgesetz — Handfeuerwaffen — Gebrauchsmusterschutz — Militärische Geheimnisse — Waarenbezeichnung — unlauterer Wettbewerb — Auswanderung — Margarine — Wein — Sklavenraub — Fleischbeschau — Reichsseuchengesetz — Süßstoff — Reichskassenscheine.

10. Das **Reichsbeamtengesetz** vom 31. März 1873 und seine Ergänzungen. Erläutert von **J. Pieper,** Geh. Ober-Regierungsrath. Zweite Auflage. 4 M. 50 Pf.

11. **Civilprozeßordnung mit Gerichtsverfassungsgesetz** und den Einführungsgesetzen. Unter besonderer Berücksichtigung der Entscheidungen des Reichsgerichts herausgegeben mit Anmerkungen von **R. Sydow,** Unterstaatssekretär und **L. Busch,** Kammergerichtsrath. Neunte Auflage. 8°. 5 M.

Dieser Band ist in größerem Format erschienen!

12. **Strafprozeßordnung und Gerichtsverfassungsgesetz** nebst dem Gesetz, betreffend die Entschädigung der im Wiederaufnahmeverfahren freigesprochenen Personen. Von **A. Hellweg,** Reichsgerichtsrath. Dreizehnte Auflage. 2 M.

13. **Konkursordnung und Anfechtungsgesetz.** Unter besonderer Berücksichtigung der Entscheidungen des Reichsgerichts herausgegeben mit Anmerkungen von **R. Sydow u. L. Busch.** Neunte Auflage. 2 M. 25 Pf.

14. **Gerichtsverfassungsgesetz** mit Einführungsgesetz, Nebengesetzen und Ergänzungen. Herausgegeben von **R. Sydow** u. **L. Busch.** Neunte Auflage in Vorbereitung.

15. Das **Deutsche Gerichtskostengesetz** nebst den Gebührenordnungen für Gerichtsvollzieher, Zeugen und Sachverständige. Herausgegeben mit Anmerkungen und Kostentabellen von **R. Sydow** u. **L. Busch.** Siebente Auflage. 1 M. 80 Pf.

16. **Rechtsanwaltsordnung.** Von **R. Sydow.** Vierte Auflage von Dr. **E. Mosler.** 1 M. 20 Pf.

17. Die **Deutsche Gebührenordnung für Rechtsanwälte und das Preußische Gebührengesetz** vom 27. September/6. Oktober 1899. Von **R. Sydow** und **L. Busch.** Siebente Auflage. 1 M. 60 Pf.

18. **Reichsstempelgesetz (Börsensteuergesetz)** v. 14. Juni 1900, mit den Ausführungsbestimmungen, einem Auszug aus den Gesetzes-Materialien und den Entscheidungen der Verwaltungsbehörden und des Reichsgerichts. Achte Auflage von **P. Loeck,** Regierungsrath. 3 M. 30 Pf.

19. Die **Seegesetzgebung.** Nebst den Entscheidungen des Reichsoberhandelsgerichts, des Reichsgerichts und der Seeämter. Von Dr. **W. E. Knitschky.** Dritte Auflage bearbeitet von Oberlandesgerichtsrath **Otto Rudorff** in Hamburg. 4 M. 50 Pf.

20. **Krankenversicherungsgesetz.** Von weil. Dr. **E. von Woedtke,** Direktor im Reichsamte des Innern. Zehnte Auflage bearbeitet von Dr. **G. Eucken-Addenhausen,** Geh. Reg.-Rath und vortr. Rat im Reichsamte des Innern. 3 M. 50 Pf.

21. Die **Konsulargesetzgebung.** Von Professor Dr. **Ph. Zorn.** Zweite Auflage. 3 M.

22a. **Patentgesetz.** Nebst Ausführungsbestimmungen, völkerrechtlichen Verträgen und der Patentanwalts-Ordnung unter eingehender Berücksichtigung der Rechtsprechung des Reichsgerichts und der Praxis des Patentamts. Erläutert von Prof. Dr. **R. Stephan,** Geh. Reg.-Rath, Mitglied des Kaiserlichen Patentamts. Sechste Auflage. 2 M.

22b. Gesetz zum **Schutz der Waarenbezeichnungen.** Nebst Ausführungsbestimmungen. Von Dr. **R. Stephan,** Geh. Reg.-Rath, Mitglied des Kaiserlichen Patentamts. Vierte Auflage. 1 M.

23. **Gewerbe-Unfallversicherungsgesetz** und Gesetz, betr. die Abänderung der Unfallversicherungsgesetze vom 30. Juni 1900 nebst Ausführungsverordnungen. Von Dr. **E. v. Woedtke,** Präsident des Kaiserl. Aufsichtsamts für Privatversicherung. Achte Auflage. 2 M. 50 Pf.

24. **Aktiengesellschaft und Kommanditgesellschaften auf Aktien.** (Handelsgesetzbuch, II. Buch, Abschnitt 3

und 4.) Mit Anmerkungen von H. Keyssner, Kammergerichtsrath und Dr. H. Veit Simon, Rechtsanwalt. Fünfte Auflage. Bearbeitet von Dr. Hugo Keyssner und L. Keyssner. 2 M. 25 Pf.

25. Reichsgesetz wegen **Erhebung der Brausteuer** vom 31. Mai 1872 mit Ausführungsvorschriften. Von **E. Bertho**, Regierungsrath. 1885. 1 M. 60 Pf.

26. Die Reichsgesetzgebung über **Münz- und Notenbankwesen**, Papiergeld, Prämienpapiere und Reichsschulden. Von Dr. jur. **R. Koch**, Präsident des Reichsbankdirektoriums. Vierte Auflage. 3 M.

27. Die Gesetzgebung, betr. das **Gesundheitswesen** im Deutschen Reich für Behörden, Aerzte ꝛc. Von Dr. jur. **C. Goesch** und Dr. med. **J. Karsten**. 1888. 1 M. 60 Pf.

28. **Bau-Unfallversicherungsgesetz.** Vom 30. Juni 1900. Von **R. Chrzescinski**, Kaiserl. Regierungsrath. Dritte Auflage. 2 M.

29. Reichsgesetz, betr. die **Erwerbs- und Wirthschaftsgenossenschaften**. Von **L. Parisius** und Dr. **H. Crüger**. Zehnte Auflage bearbeitet von Dr. **H. Crüger**. 1 M. 50 Pf.

30. **Invalidenversicherungsgesetz** vom 13. Juli 1899. Von Dr. **E. v. Woedtke**, Präsident des Kaiserlichen Aufsichtsamts für Privatversicherung. Neunte Auflage. 2 M. 50 Pf.

31. **Gewerbegerichtsgesetz.** Von Stadtrath **L. Mugdan.** Fünfte Auflage bearbeitet von **W. Cuno,** Erstem Bürgermeister zu Hagen i. W. 2 M.

32. Reichsgesetz, betr. die **Gesellschaften mit beschränkter Haftung.** Von **L. Parisius** und Dr. **H. Crüger.** Siebente Auflage. 1 M. 25 Pf.

33. Das **Vereins- und Versammlungsrecht** in Deutschland. Von Dr. **E. Ball,** Rechtsanwalt. 2 M. 25 Pf.

34. Reichsgesetz, betreffend die Abzahlungsgeschäfte. Vom 16. Mai 1894. Von **J. Hoffmann.** Zweite vermehrte Auflage besorgt von Dr. **E. Wilke,** Landgerichtsrath. 1 M. 20 Pf.

35. Die **Reichs-Eisenbahngesetzgebung.** Von **W. Coermann,** Kaiserl. Amtsrichter. 1895. 2 M. 25 Pf.

36. Gesetze, betr. die **privatrechtlichen Verhältnisse der Binnenschifffahrt und der Flößerei.** Erläutert von **H. Makower.** Dritte Auflage bearbeitet von **E. Löwe,** Landgerichtsrath. 3 M.

37. Gesetz zur **Bekämpfung des unlauteren Wettbewerbes.** Vom 27. Mai 1896. Von Dr. **R. Stephan,** Geh. Regierungsrath. Dritte Auflage. 1 M.

38/39. **Bürgerliches Gesetzbuch nebst Einführungsgesetz.** Nach dem Tode des ursprünglichen Herausgebers Reichsgerichtsraths a. D. Dr. **A. Achilles** in Verbindung mit Professor Dr. **André,** Landrichter

Ritgen, Landrichter **Strecker,** Ober-Regierungsrath Dr. **Unzner** herausgegeben von Geh. Ober-Justizrath **Greiff.** Vierte Auflage. 8°. 6 M. 50 Pf.
Dieser Band ist in größerem Format erschienen!

40. Gesetz, betr. die **Pflichten der Kaufleute bei Aufbewahrung fremder Werthpapiere (Depotgesetz).** Mit Erläuterungen. Von **F. Lusensky,** Geh. Ober-Regierungsrath. Zweite Auflage. 1 M.

41. **Börsengesetz.** Vom 22. Juni 1896. Nebst Ausführungsbestimmungen. Unter Mitwirkung des Direktors im Reichsamt des Innern **A. Wermuth** bearbeitet von Regierungsrath **H. Brendel.** 1 M. 50 Pf.

42. **Grundbuchordnung** nebst den preußischen Ausführungsbestimmungen. Mit Einleitung. Von Professor Dr. **O. Fischer.** Dritte Auflage. 2 M. 25 Pf.

43. Die Gesetzgebung, betr. die **Zwangsvollstreckung in das unbewegliche Vermögen** im Reiche und in Preußen. Mit Einleitung, Kosten- und Gebührentabellen. Von Dr. **J. Krech,** Kaiserl. Geh. Regierungsrath und Professor Dr. **O. Fischer.** Vierte Auflage. 2 M.

44. Das Reichsgesetz über das **Auswanderungswesen** vom 9. Juni 1897 nebst Ausführungsverordnungen und Anlagen. Unter Benutzung amtlicher Quellen. Von Professor Dr. **Felix Stoerk.** 2 M. 25 Pf.

45. Das **Entmündigungsrecht** unter Berücksichtigung der für Preußen geltenden Vorschriften nebst der preußischen Justiz-Ministerial-Verfügung vom 28. November 1899. Text der civil- und prozeßrechtlichen Bestimmungen mit Erläuterungen von Landgerichtsrath Dr. **P. Koll** in Cöln. 1 M. 50 Pf.

46. Die Gesetze des Reiches und Preußens über die **freiwillige Gerichtsbarkeit.** Mit Einleitung von **Herm. Jastrow,** Amtsgerichtsrath. Dritte Auflage. 3 M.

47. Das **deutsche Vormundschaftsrecht** und das preuß. Gesetz über die Fürsorgeerziehung Minderjähriger nebst den dazu gehörigen preußischen Nebengesetzen. Mit Einleitung und Erläuterungen von **Max Schultzenstein,** Oberverwaltungsgerichtsrath und Amtsgerichtsrath Dr. **Paul Köhne.** Zweite Auflage 3 M.

48. Gesetze und Verordnungen, betr. den **Drogen-, Gift- und Farbenhandel** außerhalb der Apotheken. Von Dr. **Broh,** Rechtsanwalt. 1 M. 25 Pf.

49. Deutsche **Kolonialgesetzgebung.** Von Professor Dr. **Philipp Zorn.** 4 M. 50 Pf.

50. Der **Viehkauf** (Viehgewährschaft) nach dem Bürgerlichen Gesetzbuche. Mit Erläuterungen von Rechtsanwalt Dr. **H. Stölzle.** Nebst Verordn. betr. die Hauptmängel und Gewährsfristen beim Viehhandel. Von **H. Weiskopf,** Königl. Kreisthierarzt in Augsburg. Dritte Auflage. 3 M.

51. **Hypothekenbankgesetz** vom 13. Juli 1899. Von Dr. **H. Göppert,** Gerichts-Assessor. 1 M. 80 Pf.

52. Gesetz, betreffend die gemeinsamen **Rechte der Besitzer von Schuldverschreibungen.** Von Dr. **Heinrich Göppert,** Gerichts-Assessor. 2 M.

53. **Reichspreßgesetz** vom 7. Mai 1874 nebst den einschlägigen Bestimmungen des Strafgesetzbuchs, der Gewerbeordnung 2c. Kommentar von **A. Born,** Polizeiassessor. 1 M. 50 Pf.

54. Die Reichsgesetzgebung über den Verkehr mit **Nahrungsmitteln, Genußmitteln und Gebrauchsgegenständen.** Von Dr. **Georg Lebbin,** Nahrungsmittelchemiker. 2 M. 25 Pf.

55. Das Recht der **Beschlagnahme von Lohn- und Gehaltsforderungen.** Auf Grundlage der Reichsgesetze vom 21. Juni 1869 u. 29. März 1897 und der Civilprozeßordnung. Von Rechtsanwalt **Georg Meyer.** Zweite Auflage. 2 M.

56. Gesetz, betr. die **Bekämpfung gemeingefährlicher Krankheiten.** Nebst Ausführungsbestimmungen. Von Dr. **Bruno Burkhardt,** Regierungsrath, Mitglied des Kais. Gesundheitsamts. 1 M. 40 Pf.

57. **See-Unfallversicherungsgesetz.** Von **Dr. Max Mittelstein,** Oberlandesgerichtsrath in Hamburg. 2 M.

58. **Das Recht der unehelichen Kinder.** Ausgabe aller einschlägigen Bestimmungen des B.G.B. Von **Hermann Jastrow,** Amtsgerichtsrath. 1 M. 80 Pf.

59. Reichsgesetz über die **Beurkundung des Personenstandes und die Eheschließung.** Von Dr. **F. Fidler,** Amtsgerichtsrath. 1 M. 80 Pf.

60. Gesetz, betreffend das **Urheberrecht an Werken der Litteratur und der Tonkunst.** Von Gerichtsassessor **Otto Lindemann.** 1 M. 50 Pf.

61. Gesetz über das **Verlagsrecht.** Von Justizrath **Ernst Heinitz.** 1 M. 50 Pf.

62. Gesetz über die **privaten Versicherungsunternehmungen.** Von **H. Könige,** Ob.-Landsger.-Rath. 3 M.

63. **Gesetzestafel des Deutschen Reichsrechts.** Systematisch geordnete Nachweisung des z. Z. geltenden Reichsrechts. Ergänzungsband zu der Guttentag'schen Sammlung Deutscher Reichsgesetze. Von **Hugo Bruhns,** Syndikus. 2 M. 50 Pf.

64. Gesetzsammlung betr. den **Handel mit Drogen und Giften.** Reichsgesetzl. Bestimmungen und Anhang mit den landesgesetzl. Verordnungen sämmtlicher Bundesstaaten. Von Rechtsanwalt **H. Sonnenfeld,** Syndikus der Berliner Drogisten-Innung. 3 M.

65. **Das Weingesetz** vom 24. Mai 1901. Mit Ausführungsbestimmungen erläutert von Dr. **Georg Lebbin,** Handels- und Gerichtschemiker zu Berlin. 1 M. 50 Pf.

66. Die **Eisenbahn-Gesetzgebung.** Von **W. Pietsch,** Geh. exp. Sekretär im Reichs-Eisenbahn-Amt. 5 M.

67. **Militär-Strafgesetzbuch.** Mit den Entscheidungen des Reichs-Militärgerichts von Dr. **Paul Herz,** Senats-Präsident am Reichs-Militärgericht und Kriegsgerichtsrath Dr. **Georg Ernst.** 3 M.

68. Das **Fleischbeschaugesetz.** Vom 3. Juni 1900. Mit Ausführungsges. u. Verordnungen im Reiche und in Preußen. Von Dr. **Georg Lebbin,** Gerichtschemiker und Rechtsanwalt Dr. **Georg Baum.** 4 M.

69. Reichsgesetz über die **Naturalleistungen der bewaffneten Macht im Frieden** nebst den zugehörigen in Preußen geltenden Bestimmungen. Von Regierungsassessor Dr. **Walter v. Hippel.** 1 M. 25 Pf.

70. Das **Reichs-Haftpflichtgesetz,** betr. die Verbindlichkeit zum Schadensersatz für die bei dem Betriebe von Eisenbahnen, Bergwerken, Steinbrüchen, Gräbereien und Fabriken herbeigeführten Tödtungen und Körperverletzungen, vom 7. Juni 1871. Von Regierungsrath Dr. **G. Eger.** Preis 3 M.

71. **Kinderarbeit in gewerblichen Betrieben,** v. 30. März 1903. Nebst der Preuß. Ausführ.-Anw. v. 30. Nov. u. d. Bek. des Reichskanzlers v. 17. Dez. 1903. Von **H. Spangenberg,** Oberverwaltungsgerichtsrath. Zweite vermehrte Auflage. 1 M. 60 Pf.

72. **Unfallversicherungsgesetz für Land- und Forstwirtschaft** vom wirkl. Geh. Rat Dr. **E. von Woedtke,** fortgesetzt von Dr. **Alfred Radtke,** Geh. Regierungsrat und Senatspräs. im Reichsversicherungsamt. 4 M. 50 Pf.

73. **Entschädigung für unschuldig erlittene Verhaftung und Bestrafung.** Nebst Anhang, enth. die dazu gehörigen Nebengesetze über Schadensersatz. Von Dr. jur. **A. Romen,** Geh. Kriegsrat und vortr. Rat im Kriegsministerium. 2 M.

74. Die **Kaufmannsgerichte** nebst den preuß. Ausführungsbestimmungen. Von Dr. **Max Apt,** Syndikus der Korporation der Berliner Kaufmannschaft. Dritte Auflage. 2 M.

Daraus einzeln: **Preuß. Ausführungsbestimmungen.** 50 Pf.

Guttentag'sche Sammlung

Preußischer Gesetze.

Text-Ausgaben mit Anmerkungen. Taschenformat.

1. **Die Verfassungs-Urkunde** für den Preußischen Staat. Mit Einleitung, vollständigem Kommentar. Von Prof. Dr. **Adolf Arndt.** Fünfte Auflage. 3 M.

2. Preußische **Beamten-Gesetzgebung.** Enthaltend die wichtigsten Beamtengesetze in Preußen. Von **C. Pfafferoth.** Dritte Auflage. 1 M. 50 Pf.

3. **Die Aufnahme des Nottestaments** durch die bestellten besonderen Urkundspersonen. Anweisung

vom 15. März 1904. Erläutert mit Musterbeispielen und einem Abriß des Erbrechts von Amtsgerichtsrath **C. Kurtz.** 1 M. 50 Pf.

4. **Gebührenordnung** für **Notare** vom 25. Juni 1895 nebst den einschlägigen Vorschriften des Preußischen Gerichtskostengesetzes. Von **R. Sydow.** Zweite Auflage bearbeitet von Dr. **E. Mosler,** Gerichtsassessor. 1 M. 50 Pf.

5. Gesetz vom **24. April 1854 (betr. die außereheliche Schwängerung).** Von Dr. **Schulze.** 75 Pf.
Seit dem 1. Januar 1900 gültiges Recht siehe: Reichsgesetze Nr. 58.

6. Die Preuß. **Ausführungsgesetze und Verordnungen zu den Reichs-Justizgesetzen.** Von **R. Sydow.** Dritte vermehrte Auflage. 1895. 2 M. 40 Pf.
Siehe Seite 21, Busch, Ausführungsgesetze.

7. **Allg. Gerichtsordnung** vom 6. Juli 1793 und Preuß. **Konkursordnung** vom 8. Mai 1885. Von **F. Vierhaus,** Geh. Ober-Justizrath. Vergriffen.

8. **Vormundschaftsordnung.** Von **F. Schultzenstein.** Gültiges Recht siehe: Reichsgesetze Nr. 47.

9. Die Preußische **Grundbuchgesetzgebung.** Von Prof. Dr. **Fischer.** Vergriffen. Siehe: Reichsgesetze Nr. 42.

10. **Einkommensteuergesetz.** Von **A. Fernow,** Geh. Finanzrath. Fünfte Auflage. 2 M. 50 Pf.

11. **Gewerbesteuergesetz.** Von **A. Fernow,** Geh. Finanzrath. Vierte, vermehrte u. verbesserte Auflage. 2 M.

12. **Allgemeines Berggesetz** für die preußischen Staaten und die auf dasselbe bezüglichen Gesetze und Verordnungen. Von **E. Engels.** Dritte Auflage. In Vorbereitung.

13. **Ergänzungssteuergesetz** (Vermögenssteuergesetz). Von **A. Fernow,** Geh. Finanzrath. Dritte vermehrte Auflage. 1 M. 50 Pf.

14. **Kommunalabgabengesetz.** Vom 14. Juli 1893 und Gesetz wegen Aufhebung direkter Staatssteuern. Von Dr. **F. Adickes,** Oberbürgermeister. Dritte Auflage. 1 M. 50 Pf.

15. Die **Kreisordnungen** für den Preußischen Staat. Von **O. Kolisch,** Landgerichtsrath. 1894. 4. M.

16. **Concessionirung gewerblicher Anlagen.** Preuß. Ausführungs-Anweisung zu §§. 16 u. ff. der Gewerbe-Ordnung. Von Dr. **W. v. Rüdiger,** Geh. Regierungs- u. Gewerberath. Zweite Auflage. 2 M.

17. Preußisches **Gerichtskostengesetz.** Mit Kostentabellen. Von Dr. **P. Siméon,** Landrichter. Vierte Auflage. 2 M. 25 Pf.

18. Preußisches **Stempelsteuergesetz** vom 31. Juli 1895. Mit den gesammten Ausführungsbestimmungen und vollständigen Tabellen. Von **P. Loeck,** Regierungsrath. Fünfte Auflage. 5 M.

Dieser Band ist in größerem Format erschienen.

19. Das **Jagdscheingesetz.** Mit ausführlichen Erläuterungen nebst der Ausführungsverfügung. Von **F. Kunze,** Wirklichem Geh. Ober-Regierungsrath. Zweite Auflage. 2 M.

20. Gesetz, betr. die **Erbschaftssteuer.** Unter Berücksichtigung der Novelle vom 31. Juli 1895. Von Regierungsrath **P. Loeck.** 1 M. 80 Pf.

21. Gesetz über die **Handelskammern.** Vom 19. August 1897. Mit Erläuterungen von **F. Lusensky,** Geh. Regierungsrath. 3 M.

22. Gesetz, betr. **Anstellung und Versorgung der Kommunalbeamten.** Mit Ausführungsanweisung. Von **Dr. W. Ledermann,** Magistratsassessor zu Berlin. 1 M. 25 Pf.

23. **Ausführungsgesetz zum Bürgerlichen Gesetzbuche.** Von Landrichter Dr. **P. Siméon.** 1 M. 60 Pf.

24. Die **Hinterlegungsordnung** in der Fassung des Ausführungsgesetzes z. B.G.B. v. 20. Sept. 1899 nebst Ausführungsbestimmungen. Von Regierungsassessor **Dr. Georg Bartels.** 1 M. 50 Pf.

25. **Preußische Kommunalbeamtengesetzgebung.** Von Magistratsassessor Dr. **Fr. Kremski,** Berlin. 3 M.

26. Die Preußischen Gesetze über das **Diensteinkommen der Lehrer und Lehrerinnen, ihren Ruhegehalt und die Fürsorge für ihre Hinterbliebenen,** sowie einer Tabelle zur Berechnung der Ruhegehalts-, Wittwen- und Waisenbezüge. Von **Dr. Ed. Cremer,** Beigeordneter. 2 M. 40 Pf.

27. Gesetz, betreffend die **Waarenhaussteuer.** Von Geh. Ober-Finanzrath Dr. **G. Strutz.** 1 M. 20 Pf.

28. Gesetz über die **Fürsorgeerziehung Minderjähriger.** Nebst Ausführungsanweisungen. Von Landgerichtsrath Dr. **P. F. Aschrott.** 2 M. 80 Pf.

29. Gesetz, betr. **die ärztlichen Ehrengerichte, das Umlagerecht und die Kassen der Aerztekammern.** Von Amtsgerichtsrath Dr. **Fidler.** 1 M. 50 Pf.

30. Die das **Preußische Staatsschuldbuch** und **Reichsschuldbuch** betr. Gesetze nebst Ausführungsbestimmungen. Von Wirkl. Geh. Ober-Finanzrath **J. Mücke,** Mitglied der Staatsschuldenverwaltung. 2 M.

31 a. **Die geltenden Preußischen Gesindeordnungen.** Herausgegeben in zwei Bänden von **Stephan Gerhard,** Rechtsanwalt in Berlin.

Band I: Gesindeordnung für die altpreußischen Provinzen vom 8. XI. 1810, mit Erläuterungen unter Berücksichtigung der Ergänzungsgesetze und der Rechtsverhältnisse der Gesindevermiether, sowie die Gesindeordnung für Neuvorpommern und Rügen und für die Rheinprovinz. 2 M. 50 Pf.

31 b. **Band II:** Gesindeordnungen für Hannover, Schleswig-Holstein, Hessen-Nassau und den Regierungsbezirk Hohenzollern. 2 M. 50 Pf.

32. **Die Städteordnung für die sechs östlichen Provinzen** Preußens vom 30. Mai 1853 nebst ihren gesetzlichen

Ergänzungen. Von **Dr. jur. Walter Ledermann,** Magistrats-Assessor zu Berlin. 6 M.

Dieser Band ist in größerem Format erschienen!

33. **Rentenguts- und Anerbenrechts-Gesetzgebung in Preußen.** Von Landgerichtsrath **M. Peltasohn** und Rechtsanwalt **Bruno Peltasohn.** 3 M.

34. Sammlung der wichtigsten **Preußischen Strafgesetze** nebst Anhang: Gesetz betr. polizeiliche Strafverfügungen vom 23. April 1883. Von **Otto Lindemann,** Amtsrichter. 2 M. 50 Pf.

    Inhalt: Mobiliar-Feuerversicherung — Chausseegeld — Jagdpolizei — Jagdschein — Wild-Schonzeit — Fischerei — Versammlungs- u. Vereinigungsrecht — Belagerungszustand — Gesindedienstpflichten — Mineraliengewinnung und -Aneignung — Schlachthäuser — Dampfkesselbetrieb — Wandergewerbebetrieb — Reblausverbreitung — Forstdiebstahl — Wald- u. Wassergenossenschaften — Feld- u. Forstpolizei — Lotteriespiel — Verkehrsabgaben — Landestrauer.

35. **Geschäftsordnung für Gerichtsvollzieher.** Gerichtsvollzieherordnung und Gebührensätze von Amtsgerichtssekretär a. D. **Emil Exner.** 3 M. 50 Pf.

36. Die Gesetzgebung über **Polizeiverordnungen in Preußen** von **Otto Lindemann,** Amtsrichter in Köslin. 1 M. 50 Pf.

Guttentag'sche Sammlung von Text-Ausgaben mit Sachregister ohne Anmerkungen.

Militärstrafgerichtsordnung für das Deutsche Reich, nebst **Einführungsgesetz** und Gesetz, betr. die Dienstvergehen der richterlichen Militärjustizbeamten und die unfreiwillige Versetzung derselben in eine andere Stelle oder in den Ruhestand. **Militär-Strafgesetzbuch** mit Abdruck der entsprechenden Bestimmungen des Reichs-Strafgesetzbuchs. Zweite Auflage. 1 M. 50 Pf.

Reichsstempelgesetz (Börsensteuergesetz). Mit Tabellen zur Berechnung der Reichsstempelabgaben. 1 M. 50 Pf.

Bürgerliches Gesetzbuch nebst Einführungsgesetz unter Einfügung der preußischen Ausführungsbestimmungen bearbeitet von Dr. **Paul Winter,** Landrichter. Zweite Ausgabe. 8°. Geb. Preis 3 M.

Handbuch des Testamentsrechts

mit zahlreichen Beispielen und Formularen.

Dargestellt von **Heinrich Peiser,** Landgerichtsrat in Danzig. gr. 8°. Preis 8 M., geb. in ganz Leinen 9 M.

Das Bürgerliche Recht Deutschlands mit Einschluß des Handelsrechts historisch und dogmatisch dargestellt von **A. Engelmann,** Oberlandesgerichtsrat. Zweite durchgearbeitete Auflage. gr. 8°. Preis 14 M., geb. in Leinen 15 M.

Wie leitet man eine Versammlung? Geschäftlicher Handweiser für Vorsitzende. Von einem Mitgliede des Deutschen Reichstags und des Preußischen Abgeordnetenhauses. kl. 8°. Preis in elegantem Einbande 1 M.

Ein nützliches und notwendiges Büchlein.

Holtgreven, Dr. A., Präsident des Oberlandesgerichts in Hamm und Dr. **Th. Wolff,** Oberlandesgerichtsrath. Das Wildschadengesetz vom 11. Juli 1891. Kommentar. Vierte Auflage. 8°. Geb. 4 M. 50 Pf.

Arndt, Dr. Adolf, Professor. Verfassung des Deutschen Reichs. Mit Einleitung und Kommentar. Zweite Auflage. 8°. Geb. 4 M. 50 Pf.

Behrens, Paul, Handbuch für Vereine bei Aufstellung, Berathung und Aenderung der Vereins-Satzungen. 8°. Preis geb. 1 M.

Born, A., Polizei-Assessor in Königsberg i. Pr. Das preußische Baupolizeirecht nebst den einschlägigen Bestimmungen des Ansiedelungs-, Feld- und Forstpolizei-, Waldschutz- und Deichgesetzes, sowie dem Fluchtlinien-, Rayongesetz und dem Gesetz über die Zulässigkeit des Rechtsweges gegen polizeiliche Verfügungen. Kommentar. gr. 8°. Preis 10 M., geb. 11 M.

Delius, Dr. jur. H., Landgerichtsrath. Die Haftpflicht der Beamten. 8°. Preis geb. 2 M.

Delius, Dr. jur. H., Landgerichtsrath. Die Rechtsverhältnisse der geschlossenen Gesellschaften und Vereine nach Preußischem Recht unter besonderer Berücksichtigung der Befugnisse der Polizeibehörden. 8°. Preis in Leinenband 1 M. 60 Pf.

Das Gesetz betreffend die Anlegung und Veränderung von Straßen und Plätzen in Städten und ländlichen Ortschaften vom 2. Juli 1875. Des Kommentars von weil. Oberverwaltungsgerichtsrath R. Friedrichs fünfte völlig neubearbeitete Auflage bearbeitet von Dr. jur. Hugo v. Strauß und Torney, Senatspräsident am Oberverwaltungsgericht. 8°. Geb. Im Druck.

Hilermann, Carl, Stadtrath in Dortmund. Das Fluchtliniengesetz vom 2. Juli 1875. Erläuternde Abhandlung. 8°. 1 M. 25 Pf.

Könige, H., Oberlandesgerichtsrath. Handelsgesetzbuch vom 10. Mai 1897 nebst Abdruck des Gesetzes über die Angelegenheiten der freiwilligen Gerichtsbarkeit und Gerichtsverfassungsgesetz (Titel 7, Kammern für Handelssachen). 8°. Geb. in ganz Leinen 4 M. 50 Pf.

Telegraphenwege-Gesetz vom 18. Dezember 1899 nebst den vom Reichskanzler erlassenen Ausführungsbestimmungen vom 26. Januar 1900 und den Erläuterungen und Ausführungsanweisungen des Reichs-Postamts. Amtliche Ausgabe. 8°. Geb. in ganz Leinen 1 M.

Wilhelmi, Dr. L., Das Handwerkergesetz vom 26. Juli 1897. Mit Einleitung und Bemerkungen unter besonderer Berücksichtigung der Ausführungs-Anweisungen der größeren Bundesstaaten. Geb. in ganz Leinen 6 M.

Schlagwort-Register.

R. = Nummer der Sammlung Deutscher Reichsgesetze.
P. = Nummer der Sammlung Preußischer Gesetze.
S. = Seite.

Kolibri 360 GmbH
Ferdinand-Jühlke-Straße 7
99095 Erfurt, Deutschland
produktsicherheit@kolibri360.de